LO MEJOR PARA TI

MARTA CRUZ

ISBN 978-84-09-53670-2
Agencia del ISBN

Depósito Legal: J 423 -2025

*Repetir en nosotros
renovados deleites –
es como un asesinato
– omnipotente – agudo –
no soltamos el puñal –
porque amamos la herida
el puñal conmemora
memorias que morimos.*

Emily Dickinson

ÍNDICE

PRÓLOGO

—Hola, Cristina —reconocí la voz trémula del que era mi amigo, llamándome tímidamente a través de la puerta de mi habitación, asegurada con el pestillo.

No me moví y seguí inmóvil sobre mi cama, con la cara escondida en mis rodillas. No esperaba que Sergio estuviese ahí. Mi subconsciente me decía que me odiaba después de ese enfado y que ya no le importaba.

—¿Cristina? —volvió a nombrarme y tras quedarse en silencio unos instantes, suspiró al darse cuenta de que no iba a contestar.

Hacía unas pocas horas que me habían traído de vuelta a "casa", pero aún no era capaz de hablar acerca de lo que había pasado esos días, no conseguía asimilarlo.

—Tus padres me han dicho que no has articulado palabra desde que volviste —hizo un intento por iniciar una conversación.

Escuché cómo se acomodaba en el suelo del pasillo recostando su espalda en la puerta.

—Cuando me enteré de que habías desaparecido, algo se partió dentro de mí —prosiguió—. Me preocupaba mucho no saber cómo estabas. Durante estos días no he podido dormir porque no paraba de pensar en ti, en si a lo mejor tenías en mente hacer alguna tontería. Aún no sé por qué te fuiste, pero el hecho de que te alejaras me dejó con un sentimiento de culpa enorme —noté cómo el tono de voz de Sergio comenzaba a entristecerse.

Sergio no era muy de hablar o expresar lo que sentía, era más de actos. Por eso, me sorprendió que se estuviera abriendo conmigo de esa manera, tanto que incluso algo se revolvió en mi pecho.

—Sé que no he sido un buen amigo, pero ha pasado un tiempo desde lo que pasó y pensaba que podríamos tratar de hablar las cosas, aunque veo que no llega a ninguna parte —mi amigo se mostró arrepentido y decepcionado debido a que aún no le dirigía la palabra—. En ocasiones aún recuerdo el mal sabor de boca que creo que se nos quedó a los dos esa última vez que hablamos. A ambos nos pilló en caliente y siento que me pasé. No ha pasado ni un sólo día en el que no me haya replanteado cómo hubieran sido las cosas si me hubiese comportado de otra manera. Lo siento —se disculpó de manera sincera.

Me levanté de la cama y tras dos zancadas también me apoyé en la puerta, no interrumpí porque quise dejar que se siguiera explicando.

—Nunca supe exactamente cuáles fueron los demonios que atormentaban tu mente, esos que te hicieron sentirte miserable, esos que te hicieron creer que huir de los problemas iba a solucionarlos —pude darme cuenta de que cada vez se escuchaba más roto—. Al final supongo que se trataba de una lucha contra ti misma que sólo podías emprender tú. A lo mejor puede que aunque ganases alguna que otra batalla, esa lucha interna sea algo con lo que tuvieses que convivir. Puede que todos en el fondo la tengan, que sólo quede abrazar esas inseguridades y aprender de ellas para mejorar —mi amigo intentaba entender de algún modo lo que me había pasado, trataba de ayudarme.

De un impulso abrí la puerta y me abalancé sobre esos estúpidos rizos rubios sin poder contener las lágrimas. Aunque aún estaba algo enfadada, no podía negarle un abrazo por muy mal que me hubiera hecho pasar, porque en el fondo quería que todo volviese a ser como antes.

—Te he echado mucho de menos, gilipollas —conseguí decir entre sollozos.

Podríamos decir que esta historia comenzó a raíz de esa fiesta a la que ni siquiera tenía la intención de ir, pero en realidad todo venía arrastrándose desde un tiempo antes. Ese cinco de febrero se sintió como un toque seco que hizo que todas las piezas de dominó se derrumbaran en cadena, una tras otra. Una bomba cargada de alcohol y emociones que estalló cuando tuve que huir después de haber posiblemente cometido un asesinato.

CAPÍTULO 1: LUCÍA.

Ese era mi último año antes de ir a la universidad, cosa que arruiné al escaparme y dejar los estudios.

Aunque bueno, el interés que tenía por lo que estaba estudiando era más bien nulo. Nunca tuve claro qué hacer con mi vida. Como mis padres no querían que me quedase de brazos cruzados, me "recomendaron" estudiar derecho para llegar a ser abogada y ganar mucho dinero, pero yo le había terminado cogiendo demasiado asco al verlo como una obligación.

Por esa razón, no me gustaba nada ir a clase. Me saltaba algunas clases. Bueno, bastantes. Vale, la verdad es que nunca llegué a ir una semana completa.

Solía justificar las faltas desde el móvil haciéndome pasar por mi madre. Para los profesores más tiquismiquis falsificaba justificantes médicos. Mis padres no se enteraban, o al menos no lo hicieron durante un buen tiempo. Estaban siempre ocupados trabajando. Creo que a veces se olvidaban de que convivía con ellos.

Pese a eso, conseguía aprobar y sacar mis notas adelante. Solía estudiar el día de antes (si es que lo hacía) y de esa manera llevaba sacándome todo el Bachillerato. Supongo que me quedaba rápido con las cosas y aparte me dejaba llevar por la lógica o sentido común.

Sin embargo, siendo sincera las pocas veces que iba al instituto lo hacía por Sergio. Lo consideraba como mi mejor amigo. Aunque bueno, tampoco tenía otros amigos. No era de lejos el mejor, pero soportaba mi pesimismo a diario y eso ya tenía mucho mérito. Él era una razón que me motivaba a levantarme por la mañana, porque sabía que si iba podría verle. El simple hecho de su compañía era algo que me agradaba y me hacía olvidarme por momentos de todo lo demás.

Un día, tras un examen de economía, tenía pensado salirme en el recreo con Sergio, pero mi prima Lucía me insistió mucho en que me quedara con ella y tuve que hacerlo a regañadientes.

—Cristina, prima, anda hazme el *eyeliner* que me gusta más como te sale a ti —me pidió sentándose en el lavabo del asqueroso baño del instituto.

A muchos la idea de estar con un pariente de su edad en su misma clase podría parecerles divertido, pero para mí era una auténtica pesadilla. Quería a mi prima porque al fin y al cabo era familia mía, pero era una mierda de persona. Me había hecho demasiadas putadas, que sólo por el único y simple hecho de compartir sangre había tenido que perdonarle. Si hubiese sido cualquier otra persona le hubiera dejado de hablar hace años.

Mi padre siempre me pedía que tuviera un mínimo de amabilidad con ella, algo que me era difícil siendo como soy pero, a mi parecer, mi trabajo era más que excelente. Lo que yo no sabía era que eso significaba que la iba a tener como una lapa toda mi vida. Y especialmente en ese entonces, que hacía no tanto mis tíos se habían divorciado.

Saqué el delineador negro del bolsillo pequeño de mi mochila, en la que había de todo menos libros del instituto. Me acerqué a ella y le levanté la barbilla. Mientras, ella estaba mascando un chicle.

Aproveché ese momento en el que mi prima estaba con los ojos cerrados y yo me encontraba maquillándola para compararnos y pensar que en cuanto a físico, no éramos tan distintas, pero aún así siempre le había gustado hacer comentarios para hacerme sentir inferior.

Ambas teníamos piel pálida, cara redonda y labios gorditos. Las dos poseíamos característicos ojos marrones, algo grandes, lo que hacía que fueran bastante llamativos. Compartíamos también nariz delgada y recta, aunque yo tenía un arito plateado en el lado derecho, que me gustaba mucho. Me lo había hecho el año anterior en el baño de una discoteca, con unas medidas de higiene un tanto cuestionables, pero estaba en perfecto estado.

—¡Nenaaa! Mira que eres lenta, termínalo pronto que me aburro, ¿eh? —me exigió con una voz chillona que me irritaba muchísimo y pasé al otro ojo.

Ella se apartó dos mechones de la cara y se los pasó por detrás de las orejas para hacerme el trabajo más fácil.

Su pelo era negro y liso por los hombros. El mío era moreno, marrón muy oscuro, algo ondulado en las puntas y lo tenía por la mitad de la espalda.

—Ya está —le avisé cuando terminé de hacerle el maquillaje.

Ella se puso en pie, quedando las dos frente al sucio espejo.

Nos observé y pensé que lo que más nos diferenciaba era el cuerpo. Aunque las dos teníamos uno muy bueno y compensado, yo era alta y ella creo que apenas superaba el metro cincuenta.

Mi prima tenía mucho ego. Las dos éramos guapas, lo que nunca entendí era qué clase de sartén le pegó en la cabeza cuando nació, porque pensaba siempre que era la mejor. Intentaba ser el centro de atención, presumía de todo y creía que todos iban detrás de ella. Algo que me daba mucha rabia era que si yo le contaba cualquier cosa, ella le restaba importancia y redirigía la conversación a contar con quién se había liado el fin de semana.

Era muy pesada. Hace unos meses incluso le puso los cuernos a su novio y después no fue capaz de hablar con él o tratar de darle alguna explicación. Pero hubo un momento en el que empecé a pasar de esos temas. Cuando de vez en cuando me preguntaba qué haría yo en su lugar, le decía que hiciese lo que le diera la gana, porque al final era lo que siempre acababa haciendo.

—¿Qué te parece? —pregunté y le dediqué una media sonrisa.

Ella inspeccionó su cara y me dio una mirada de reojo.

Efectivamente, yo era la única chica que quedaba a su lado, porque las demás se habían ido alejando al darse cuenta de cómo era. Y yo lo hacía por obligación, que conste. Pero no estaba sola. Está en todo momento rodeada de tíos que la querían por su cuerpo y por lo que habían ido escuchando de ella. Todos los findes tenía fiesta a la que ir y yo estaba obligada a arrastrarme tras ella.

—Me lo esperaba mejor —soltó con cierta indiferencia e incluso podría decir que asco y explotó una pompa de chicle.

Controlé mi rabia y retuve mis ganas de reventarle el cráneo contra el espejo, clavando las uñas en mi puño.

—De nada, Lucía —dije con claro desánimo.

CAPÍTULO 2: SERGIO.

Lucía se dio la vuelta y se pasó la mano por el pelo. Me miró de arriba a abajo y empezó a pasearse por el corto pasillo del baño en el que a los lados estaban las puertas de los váteres.

Me senté en el poyete de la ventana, apoyándome en un lateral de esta y cruzando las piernas. Procedí a entretenerme con un lápiz de dudosa procedencia pasándolo entre mis dedos.

—A ver, prima, te preguntarás por qué te he traído aquí —intentó hacerse la interesante.

—Lucía, no estás en una peli, dilo ya —no pude evitar decir.

—Vaale... —puso los ojos en blanco y se miró las uñas—. Bueno, Cristina, te explico. Este finde me han... Digo, nos han invitado a una fiesta. No sé quién la organiza. Me han dicho que unos chavales de primero, creo. Es en una casa muy grande —fue informando.

—Ah, guay —traté de fingir interés.

Sólo podía pensar en cómo sería otra fiesta más con mi prima chillando para llamar la atención y dejándome sola para lo que ya sabemos que iría hacer con el primero que pillara.

—¿Sabes la Carla...? La chiquilla esta... ehh... En plan, de primero, que es muy guapa. No tanto como yo, obviamente —enfatizó y se volvió a tocar el pelo—. Pero esa que es así morena con ojos claros... Pues va a ser en su casa —se puso frente al espejo del lavabo.

Se explicaba como la mierda.

—Ahora mismo no caigo en quién es —expresé, pero (cómo no) ignoró mi comentario y siguió hablando.

Yo no era popular y mucho menos conocía a la gran mayoría de personas de mi pueblo, a pesar de que era pequeño. Cada vez que Lucía se ponía a cotillear yo le seguía el rollo pero, en realidad, no me enteraba ni de una cuarta parte de lo que me contaba.

—Pues que están invitando a todo el mundo, vaya. Así que nosotras obvio que tenemos que ir también... —asumió y se dio la vuelta para mirar el reflejo de su culo.

Aunque fuese a mil fiestas con Lucía, la verdad era que aunque estuviera rodeada de gente, me sentía sola. Todos me veían como el perrito faldero de mi prima y estaba realmente harta. Lo único que me quedaba era estar ahí y trataba de ser mínimamente agradable. Pero cualquier intento que hiciera era en vano, porque me vacilaban creyendo que era como Lucía. Por eso, llegó un momento en el que me rendí, me cansé de intentar encajar donde no encajaba.

Como ya dije, mis padres raramente me prestaban atención, algo que me hizo crecer como una persona independiente y nunca necesité de otros. Sabía disfrutar de mi propia compañía, pensaba que eso era algo importante, o al menos eso me había enseñado el tiempo. Bueno, tampoco tenía muchas posibilidades de tener amigos porque aparentaba ser fría y tampoco hablaba mucho, pero sentía que si alguien realmente me conociese de verdad descubriría que en realidad no era así. Sólo hubo una persona con la que llegué a mostrarme tal y como era, pero hacía mucho que nos habíamos convertido en dos extraños.

—Emm... ¿te acuerdas el chaval este con el que me he liado un par de veces...? —indagó y se acercó aún más al espejo para levantarse las pestañas con los dedos.

—¿Cuál de todos? —enarqué una ceja, aburrida.

Era difícil saberlo cuando Lucía compartía babas con tantos. Ella seguro que llevaba la cuenta con lo mucho que le gustaba presumir, pero yo la había perdido hace mucho.

—El de rizos —se rió aún concentrada en admirar su apariencia.

—¿Alto o bajo? —seguía sin saber de quién hablaba con esa pobre descripción.

—El muy, muy alto —aclaró—, me ofende la pregunta —por fin giró para mirarme a mí, molesta.

—¿De segundo también? —quería saber si era de nuestra edad.

—No, de primero —dijo entre dientes pareciendo avergonzada—. Cristina, joder, el capitán del equipo de baloncesto, no seas tonta —pegó un saltito enfadada, como si fuese una niña pequeña.

Lucía siempre había preferido a los chicos mayores que ella. Pablo, que yo recordara, era el primero que era menor que ella. Aunque claro, esa diferencia no se percibía por la altura del chico.

—Ah, ya. ¿Qué pasa? —me impacienté.

—Que va a ir también. Me ha dicho que vaya. Es el cumpleaños de no sé quién. Pero bueno, me la pela, una fiesta es una fiesta —contó emocionada.

Sólo asentí.

—Tenemos que llevar cada uno su alcohol. Eso se lo cogemos a tu madre y ya está, fácil —soltó de manera bastante descarada.

No sabía por qué me seguía impresionando lo interesada que era. Presioné con rabia la punta del lápiz con el que estaba jugando sobre el poyete de la ventana y la mina reventó.

—¿Eso es todo? —le pregunté forzando la mandíbula.

—Mm... creo que sí. Ah, bueno, se me olvidaba, que como yo estaré ocupada con mi Pablete, que te lleves si quieres a alguien. Quizás a tu amigo... ¿cómo se llamaba? ¿Simón? ¿Santos? ¿Sebas? —intentó recordar.

Me sorprendió que Lucía me dijera que llevase a alguien conmigo. Creo que era la primera vez que lo hacía. Y me resultaba muy extraño.

—Se llama Sergio —le corregí.

—Ese mismo —se puso un mechón de pelo tras la oreja—. Bueno, me voy, primita —se agachó a coger su mochila y se fue volviendo a menear su pelo.

Me bajé de la ventana y también cogí mis cosas, decidida a salir. En la acera frente al instituto, me esperaba sentado Sergio vestido con una sudadera gris. A través de la capucha asomaba su flequillo rizado y dorado muy bien cuidado. Mi amigo estaba con el móvil y con una lata de Monster. Cuando levantó la cabeza y me vio, se podían ver las chapetas que destacaban en su piel clara, al igual que su nariz puntiaguda y labios finos.

—¿Cómo te ha salido el examen? ¿Y qué quería la zorra esa? —se interesó tras ponerse en pie para darme un abrazo.

Era de mi misma altura y delgaducho.

A Sergio y a mí nos gustaba pasar el rato juntos pero hablábamos lo justo y nunca de cosas personales. Aunque si es que nos daba por charlar, nuestro tema de conversación favorito era criticar a Lucía.

—Bastante bien para lo poco que me he mirado el tema —le di una media sonrisa—. Lo de siempre, ya está planeando lo que haremos el sábado. Solo que, esta vez, me ha dicho que te puedes venir tú —le arrebaté la bebida de la mano y le pegué un sorbo.

A él no le llegué a preguntar por el examen porque daba por hecho que le fue bien, teniendo en cuenta que era un obsesionado con todo el rollo del dinero y "ser su propio jefe", por eso era muy bueno en economía.

—¡¿Yo?! —abrió sus ojos, algo rasgados y de color marrón, como platos y se señaló el pecho—. ¿Pero esa poligonera sabe de mi existencia? —inquirió incrédulo y se apresuró a quitarme la lata antes de que la terminara.

—Para nada eres la única persona a la que me acerco en el instituto —dije con ironía.

Sergio y yo habíamos empezado a juntarnos al empezar el curso en septiembre, por un trabajo que nos tocó hacer. Antes de eso, pensaba que era un niño con billetes sin más, pero me di cuenta de que era muy divertido.

El incordiante rubio me sacó el dedo y me estampó su mano en la cara y yo en defensa jugué a pegarle una torta en la mejilla.

CAPÍTULO 3: PABLO.

Había llegado el sábado, o sea, el día de la fiesta a la que habían invitado a mi prima Lucía y yo iba como su mascota.

Me pasé dos horas en el baño arreglándome. Lucía solía presumir mucho y yo odiaba sentir que me quedaba muy atrás. Me vestí con un top sin mangas de color naranja y unos vaqueros negros apretados. También me hice un delineado para realzar aún más mis ojos. Pero, en especial esa noche hice un esfuerzo para maquillarme mejor porque no quería que se notara que había estado llorando.

Mi madre había recibido una llamada del jefe de estudios, en la que el docente se preocupaba por mis ausencias por mi supuesta mala salud y tras la clara incertidumbre que mostró ella, juntos descubrieron toda la verdad. O más bien la mentira que había estado utilizando todo ese tiempo para saltarme clases.

—¡No sabes la cara de vergüenza que se le ha quedado a tu madre por tu culpa cuando ha llamado Don Felipe! ¡La única obligación que tenías era estudiar y elaborarte un futuro! ¡¿Y te dedicas a faltar a clase?! —gritaba mi padre con su voz grave y autoritaria.

No me escucharon cuando les dije que, a pesar de faltar, estaba aprobando todo. Traté de explicarles que lo que estaba estudiando no era lo que me hacía feliz, pero no quisieron entenderme. Me jodió mucho que me regañaran de esa manera cuando claramente jamás me prestaron atención. No tenía control sobre mi propia vida porque mis padres siempre decidieron por mí: estudié lo que ellos querían, tenía que acompañar a Lucía... Nunca les pedí nada, hice siempre lo que me pidieron. Pero en vez de valorar eso se enfocaron más en lo que hice mal.

—A estas alturas ya, después de todo el esfuerzo que hemos hecho por ti ¿y así nos lo agradeces? ¡Eres un fracaso, estás echando a perder tu vida! ¡No mereces nada de lo que te damos! —chillaba enfadada mi madre.

Es cierto que nunca me había faltado nada en casa, pero no porque tuviéramos muchísimo dinero, si no porque mis padres se mataban a trabajar. Eran parte del personal de un hotel, por eso no solían estar mucho en casa.

—Te lo voy a decir claro, Cristina. O estudias o te vas —amenazó mi padre con echarme de casa.

Y sinceramente, estuve pensando en que quizás no sería tan mala idea. No sentía a mis padres como parte de mi familia. Estaba cansada de esa condena que llevaba aguantando toda mi vida, no pensaba malgastar ni un minuto más en ese sitio en el que nunca conseguí sentirme cómoda. Porque esa casa nunca se había sentido como un hogar. Estar allí se sentía como estar en una puta cárcel. Pensaba escaparme tras esa fiesta, irme lejos y no volver.

Para cuando escuché a Lucía llamar al timbre de mi casa ya había metido en un bolso bastante dinero y le había pegado unos cuantos tragos a las botellas de mis padres. Bajé las escaleras rápido y abrí la puerta dispuesta a irnos ya. Salí y me dispuse a cerrar la puerta con llave, pero ella me sacudió un brazo.

—Eh, eh, eh. Cristina, ¿y el alcohol? Ve a cogerlo —me ordenó seria, viendo que lo único que llevaba era el bolso.

—Ah, sí. No queda. Ya nos dejará alguien —le mentí rápidamente, aún sin mirarle.

Terminé de cerrar la casa. Me quedé mirando la puerta e intenté hacerme a la idea de que esa sería la última vez. Me di la vuelta. Mi prima exhibía maquillaje oscuro, un ajustado vestido plateado, unas cadenas y una chaqueta de cuero que le quedaba bastante grande.

—¿Esa chaqueta es nueva? —me interesé, estaba bastante segura de que era de alguna de sus conquistas.

—Ah, la tenía en el armario. Es de Pablo, creo. Aunque cuando me ha visto no me ha dicho nada, no le saques el tema por si acaso —soltó una risa nerviosa—. ¿Y tú por qué vas disfrazada de un cono de tráfico? —preguntó viendo mi top.

—¿Y dónde está él, por cierto? —ignoré su último comentario.

—Está en esa tienda pillándose una botella, pero ya la va a compartir con su amigo —señaló un pequeño local en la esquina de mi calle.

Justo el alto chico de pelo negro rizado salió con una bolsa en la mano y no tardó en acercarse a nosotras. Vestía con una elegante camisa azul marino, que pegaba con sus ojos azules. El chico era conocido por ser el capitán del equipo de baloncesto por el que todas las chicas mojaban bragas. Al apuesto alto nunca le faltaba diversión.

—Hola, guapo ¿me quieres dar un besito? —se giró Lucía y se puso de puntillas para tratar de darle un pico.

Sin éxito se quedó dando saltitos tratando de llegar a la altura de su boca, ridículamente. Yo mientras me quedé a un lado de la parejita tratando de disimular una cara de asco.

—Hola, chicas —saludó Pablo tras agacharse para darle a Lucía lo que quería— ¿Nos vamos ya? ¿Esperamos a alguien más? —preguntó recolocándose el pelo.

—No. Bueno, invité a un amigo, pero ya nos lo encontraremos en la fiesta directamente —le aclaré, pensando en Sergio.

Esos últimos días el rubio de los cojones parecía que no cagaba con lo de que le hubieran invitado a una fiesta.

—Pues venga, nos vamos. Carla está esperando a que llegue ya y se está poniendo histérica —indicó el chico.

—¿Quién es esa furcia? —frunció el ceño mi prima.

—Ehh... mi amiga. Es la dueña de la casa —le contestó Pablo, molesto por ese insulto.

—¡Ah, coño! Es verdad, se me había olvidado —reconoció Lucía.

Estábamos de camino y noté que Pablo me estaba mirando muy fijamente. Me estaba empezando a sentir incómoda, quería que dejase de hacerlo. Aparte, no quería tener problemas con Lucía.

—¿Estás bien, Cristina? —se detuvo el chico y me cogió de ambos lados del rostro—. Tienes mala cara —sus ojos azules se mostraron realmente preocupados, lo que me sorprendió, ya que pensaba que su atención en mí se debía a que quería ligar conmigo.

—Eh... sí —le aparté rápidamente, mintiendo, y deshice el contacto visual.

Quizás se dio cuenta de mis ojos enrojecidos, irritados por el llanto. O de mi mirada perdida, ya que empezaba a ir un poco *flying* por el alcohol. El caso es que Lucía se puso celosa y aunque su lío ya no estuviera cerca de mí, lo arrebató de mi lado con un tirón en el brazo.

—Es que es así de fea, no te preocupes —soltó dándole dos palmaditas en la mejilla, con una sonrisa falsa.

Qué suerte tenía de no volverla a ver después de esa noche.

Tras otro rato haciendo de sujeta velas llegamos a la gran mansión. Era enorme y moderna. Sin muchos rodeos los tres al fin entramos y nos encontramos con que ya se estaba llenando con bastante gente. Pablo se acercó a los equipos de sonido donde estaba el DJ y se prepararon un cubata para cada uno. No tardamos mucho en escuchar la fuerte música.

Esperé a que la gente estuviera un poco más borracha y me acerqué a la nevera para robar algo. Casi se me había olvidado lo agobiante que podía llegar a ser entreabrir un caminito entre la multitud para llegar a cualquier lado, y cómo una vez que llegabas te llevabas culetazos y codazos de gente que se emociona un poco demasiado bailando. Vi una botella de tequila ya empezada y disimuladamente me eché en un vaso con refresco. Realmente quería olvidarme de todo.

Podría haberme escapado sin más, en lugar de ir a la fiesta, pero quería ver por última vez a Sergio y despedirme de él. Y quizás porque marcharme me asustaba en el fondo. Él era la única razón por la que dudaba irme. Por eso me impacientaba que no hubiera aparecido aún.

CAPÍTULO 4: MARTÍN.

Canté a todo pulmón las canciones que me gustaban para distraerme y funcionó por un rato. Sin embargo, de manera casi inconsciente, cuando hacía alguna que otra pausa, miraba a mi alrededor y buscaba unos rizos rubios entre la multitud.

Una de esas veces, en lugar de encontrar a Sergio, vi a lo lejos una ancha espalda cubierta por una chaqueta motera y al instante sentí como se me revolvía el estómago y me empezaban a temblar las piernas. No creía que pudiera estar pasando. No podía ser él, ¿verdad? Seguro que entre la oscuridad y las luces de colores estaba delirando y era cualquier otra persona.

Por un momento no le di importancia y me di la vuelta para seguir cantando. Pero fue un momento muy, muy, muuuy corto, porque no tardé nada en girar el cuello como si de una película de terror se tratase. Parpadeé dos veces y volví a fijarme. No estaba loca, reconocería esa chaqueta en cualquier parte, todo porque llegué a ponérmela más de una vez.

Justo entonces alguien a mis espaldas me pegó un grito al oído que hizo que me sobresaltara.

—¡¿Por qué coño me asustas así?! —me sujeté el corazón en un puño y más tarde me reincorporé pasándome un mechón de pelo tras la oreja—. ¿Por qué has tardado tanto? —saludé a Sergio con un abrazo.

—Acabo de llegar, es que no encontraba nada para ponerme —contestó el pijo de mierda—. No ha sido demasiado difícil encontrarte, pareces una bolsa de Doritos —gritó mi amigo para que pudiera oírle entre la ensordecedora música.

Él llevaba una camisa azul celeste que le quedaba de maravilla. Me agarró del brazo y cantó acercándose a mí. Bailamos a nuestra manera haciendo el gilipollas y eso hizo que me empezase a sentir mejor. Iba a echarle de menos.

Por desgracia, Lucía vino a molestar, abriéndose paso entre la multitud con unos cuantos codazos, incluso tirándole el cubata encima a una persona. Sergio saludó a Lucía con una gran sonrisa que hasta me llegó a dar miedo. Me pidió ir con ella al baño y aunque yo quería seguir bailando con mi amigo, no tuve más remedio.

Me apoyé en la pared de azulejos y ella utilizaba el váter.

—Emm... Cristina, ese con el que estabas hace un momento era Samuel, ¿no? —preguntó cogiendo algo de papel.

—Sergio, sí —le corregí algo cansada.

—Es que... no es muy agraciado, ¿no crees? Tiene la cara de un bebé. Bueno, ya verás lo que haces. Si a ti te gusta, líate con él ¿sabes? Yo personalmente no lo veo muy allá, pero... yo que sé, a lo mejor los dos pegáis más así —comentó con ese tonito de voz que me irritaba a más no poder, tras tirar de la cadena.

—No me gusta, es mi amigo —dije con completa sinceridad.

—Claro. Me voy al porche a fumar, diviértete —avisó y se fue, sacudiendo su pelo negro en el aire.

No podía odiarla más. Permanecí en el cuarto de baño y la rabia se apoderó de mí. Miraba hacia abajo con el pelo sobre mi cara ocultando mis lágrimas, apretando mis puños e hincándome las uñas con fuerza.

De pronto, alguien abrió la puerta del baño repentinamente. Del susto di un manotazo, tiré un lujoso jarrón que había sobre el lavabo y cayó al suelo haciendo bastante ruido. Lo normal hubiera sido que alguien más, aparte de nosotros dos, escuchara al valioso objeto hacerse añicos, pero no fue así gracias al alto volumen de la música.

—¡¿Sergio, pero tú eres puto tonto o no te han enseñado a llamar antes de abrir una puerta?! ¡Te dije que no me asust... —no terminé la frase porque me di cuenta de que estaba frente a esa puta chaqueta motera—. Mierda —se me escapó al percatarme de que le estaba gritando a la persona que menos ganas tenía de ver.

Tuve que mirar hacia arriba para verle la cara, que claramente mostraba que estaba extrañado. Ya se me había olvidado de que era tan, tan alto. Si yo de por si ya era algo alta, a ese chico le llegaba por el pecho. Su cuerpo estaba aún más robusto que la última vez. Su pelo era del mismo color que el mío, llevaba un degradado en pico. Su tez algo morena enfatizaba sus ojos verdes.

—Ehh... —comenzó diciendo con su voz grave—. No sabía que estaba ocupado, pero... creo que has roto algo —me miró extrañado y luego a lo que era un jarrón por todo el suelo.

—¿En serio, Martín? ¡No me había dado cuenta! —me agaché y amontoné los trozos.

Me giré y el chico había cerrado la puerta del baño.

—¿Por qué sigues aquí? —le pregunté enfadada.

—Parece que necesitas ayuda, Cristina —el cabrón siguió riéndose.

Odiaba como sonaba mi nombre a través de sus labios.

—¡Que me dejes en paz, coño! —le grité pero me ignoró.

Cogí la toalla de manos y coloqué sobre ella el montoncito que estaba haciendo. No lo podía tirar a la papelera, sería muy obvio y encontrarían mi destrozo enseguida.

—Tú, gilipollas, ya que no te vas, ve y tira esto fuera en algún contenedor —le tendí el estropicio envuelto en la toalla—. Luego vuelve a dejar la toalla como estaba. Gracias, apañao' —le di dos palmaditas en la espalda con resentimiento.

Él hizo lo que le pedí. Cogí otro jarrón parecido que estaba en un pequeño estante junto con algunos productos de aseo para dar el cambiazo. Con suerte no se percatarían de la ausencia del original. Por fin me fui de ese baño. No podía creer que después de tanto hubiera tenido una conversación con ese ser. Si no hubiera estado bebida no lo hubiera hecho ni de coña.

Volví a donde estaba antes bailando y no encontré a Sergio, así que me "divertí" por un rato yo sola, liberando todo el estrés de lo que acababa de pasar.

Tras un rato Lucía me vino llorando y puse los ojos en blanco.

—Prima, no te lo vas a creer, Pablo me ha dicho que no quiere saber más de mí... Se ha enterado de que me lie con él sin decirle que tenía novio... y ahora al parecer mi ex Dani y él son amigos... han descubierto la verdad y... —siguió hablando con balbuceos pero no le escuché.

Se lo tenía merecido. Lucía hace un tiempo estuvo unos meses con Dani, era muy raro que tuviera novio. Él era una persona que de verdad se enamoró de ella, o de al menos esa versión que mostraba a su lado. Aunque ella pagó todo su malestar con el divorcio de sus padres con él e hizo que se quedara solo, Dani aún siguió a su lado. Lucía no supo tenerle un mínimo de respeto, fue una novia de mierda y le puso los cuernos con Pablo, encima no le explicó nada a Dani, como una cobarde.

Se notaba que Pablo era un buen amigo, porque tras darse cuenta de que fue el cuerno sin saberlo y que se estaba liando con la ex de su amigo sin saber tampoco que lo era, había rechazado a Lucía para no herir más a Dani. A ver, que el capitán del equipo de baloncesto tampoco se salvaba de ser un putero, pero al menos tenía principios.

Pero, de pronto, Lucía se quedó callada sin más y eso me desconcertó.

—Emm... prima, retiro lo de antes, el Santi no está mal —dijo dirigiendo toda su atención hacia Sergio borracho, que estaba sobre una mesa bailando con la camisa celeste desabotonada.

Yo también me quedé boquiabierta, no me esperaba que tuviese abdominales, se le veía más bien delgaducho.

—Cristina... ¿Qué te parece si voy a hablar con él y le convenzo para que esté contigo? —dijo Lucía aún sin mirarme y se fue hacia él sin ni siquiera esperar mi respuesta.

Me eché otro cubata. Y luego otro. Y otro, y otro... Pasaron unos minutos y vi aparecer a mi prima Lucía otra vez.

—A ver, Cristina, tengo algo que decirte, pero júrame que no te vas a enfadar... —me dijo con una risa nerviosa.

CAPÍTULO 5: EL ALCOHOL.

Me da miedo la clase de persona en la que nos convertimos cuando bebemos. Algunos se vuelven más sensibles e incluso se abren contando cosas de las que se arrepentirán a la mañana siguiente, otros se vuelven agresivos o tienen ese impulso que les motiva a hacer eso que la conciencia les impide. ¿El alcohol saca a la luz cómo somos realmente?

Bebemos para saciar un oculto vacío que nos está consumiendo: distraernos con adrenalina, euforia, efímera felicidad... para tratar de olvidarnos un rato de lo que en el fondo nos duele.

—¿Qué has hecho? —pregunté rápidamente a Lucía.

—Mm... pues... Me aparté con Saúl para hablar de ti y tal, ya sabes, tratar de ayudar... —empezó contando sin aún haberse aprendido el nombre del chico.

—Joder, ¡que se llama Sergio! ¡SER-GIO! ¡Te falta decirle Shrek! —le interrumpí y tomé otro trago.

—Prima, porfa espera, es que... No sé cómo, pero hemos acabado liándonos —confesó y me faltó poco para ahogarme con la bebida.

—¡¿Qué?! —grité y abrí los ojos muchísimo por el asombro.

Teniendo en cuenta que Lucía antes insinuó que me gustaba mi amigo, empecé a pensar que esto lo hacía como venganza porque se me acercó Pablo, aunque el chico solo se preocupó por mí. Lo que no me cabía en la puta cabeza era cómo Sergio había sido capaz.

—Ay... jo, prima, ¡pero dime algo, porfa! No sigas con esa misma cara de siempre, me das miedo —dijo con esa voz de niña pequeña que odio.

—¡¿Es una puta broma, no?! —por fin le respondí.

—No... —contestó Lucía con sinceridad.

La rabia hizo que no pudiera evitar explotar y echarle todo en cara. Bueno, creo que el alcohol también tuvo algo que ver...

—Pero vamos a ver... —analicé la situación—. Hace nada me dijiste que te parecía feo y ¿vas y te lías con él? ¡¿No sabes estarte quieta por una vez en tu puta vida y controlar tus malditas hormonas?! —le levanté la voz.

—Ay, nena, ¡qué exagerada! Solo es un chico, tampoco es para tanto. Encima que te lo digo... —mi prima puso los ojos en blanco, quitándole importancia al asunto.

—Joder, hija, pues qué menos que decírmelo, ¿no? ¿O esperabas hacer como con tu ex-novio, nunca tener valor para decirle lo que hiciste? —le recriminé.

—¿Perdona? —me miró con demasiado asco.

—Sinceramente no sé qué vio Dani en ti, pero lo que sí sé es que él te quiso de verdad. No como la gente que se te acerca porque quiere aprovecharse y sabe que tú les vas a dejar —le di un golpe de realidad.

—Prima, estás borracha, ¿verdad? —no creyó que le estuviera plantando cara.

—¿Qué dicess túu?— le dije a la vez que traté de aguantar un buche—. ¿Sabes qué? Estoy harta. De todos, pero sobre todo de ti. Porque parece que todo lo haces buscando joder a los demás. No te quiero volver a ver nunca. Que te acompañe el majo de Sergio a casa —le tiré lo que me quedaba del cubata encima del vestido plateado.

Aunque estaba algo mareada conseguí ver que Lucía estaba en blanco, no tenía nada que decir. Creo que nunca esperó que le soltara todo eso, o que le plantara cara. Solo me miró tratando de buscar una mínima esperanza de que siguiera a su lado, como lo estuve siempre, pero eso no iba a volver a suceder. No podía seguir haciéndolo. Sus grandes ojos marrones se humedecieron y su nariz comenzó a temblar.

—Me voy a por otro, adiós —le dije seria, antes de marcharme en busca de más alcohol.

Sin ningún ánimo de volver a ver a mi prima Lucía, me perdí de nuevo entre la multitud. O eso creía, porque veía algunas figuras y colores que suponía que eran personas. Alcancé finalmente la nevera y me topé con un estúpido rubio con chupetones por el cuello.

—Hola, Cristina, ¿sabes que me he liado con tu prima? —me saludó Sergio.

Le di una bofetada y le quité su vaso para bebérmelo yo.

—Ya lo sé, gilipollas —le di una falsa sonrisa—. Y también sé que hace nada la estabas criticando conmigo —le recordé.

—A ver, Cristina, ya lo ssé… —arrastraba las palabras—. Mira, desde que me dijiste lo de la fiesta llevo pensando en ella toda la semana. Que sí, que ya sé cómo es, pero es que se me han puesto esos dos melones delante y no he podido decir que no, entiéndeme

—confesó haciendo un gesto de agarrar con las manos—. Y me la pela si te parece mal, como si no quieres volver a dirigirme la palabra, porque he disfrutado muchísimo y no me arrepiento de nada —declaró dejando claro que no le importaba.

Ya no reconocía a mi amigo, no sabía si de verdad estaba siendo consciente de lo que había hecho, pero me dieron demasiado asco sus comentarios y lo hipócrita que estaba siendo. Dicen que los borrachos siempre dicen la verdad, si soltó eso era porque en el fondo era lo que realmente pensaba. Por eso, yo ya no quería seguir siendo amiga de alguien que estaba demostrando ser igual que un neandertal.

Algo en mí quiso hacerle razonar y que de algún modo arreglase la barbaridad que acaba de soltar, pero tenía un nudo en la garganta que no me permitió hablar. No soportaba tener que pedirle de nuevo a nadie que se quedase en mi vida o convencerle de que merecía la pena. Acepté que nuestra amistad había terminado y que la misma persona que tantas veces fue mi refugio, había dejado de serlo.

—Adiós, Sergio —me despedí con una sonrisa triste aguantando las lágrimas, sabiendo que ya no quedaba ningún motivo que impidiera que me marchara.

Y todo lo que ocurrió después de eso son escasos recuerdos muy borrosos.

Me desperté y me sentía muy cansada. Tenía resacón y el estómago revuelto. Me sobé la frente para tratar de disminuir el dolor de cabeza. Conseguí aclarar mi vista y vi el escenario del patio interior de la mansión con piscina. Seguía siendo de noche y se escuchaba a gente dentro, pero menos que antes porque era más tarde y ya se habrían ido.

Gracias a las luces de la piscina, me percaté de que en el borde había cristales rotos y algo rojo que hizo que me alarmase. Justo entonces, mi sentido del olfato se re-activó y me hizo saber que el olor de la maceta que tenía al lado no era muy agradable. Me tapé la nariz, viendo que había un charco de vómito enorme.

Lo que no me imaginaba, que hizo que me levantara de un salto y contener un grito de terror, fue encontrar junto a mí a un chaval sangriento y amoratado.

Aunque era cierto que el alcohol en ocasiones me ponía agresiva y que no me faltaban ganas para matar a Lucía, nunca esperé que de verdad fuera capaz de acabar con la vida de alguien.

Un rato antes había llegado a la conclusión de que no podía seguir allí, tenía claramente miles de motivos para irme. Tras matar a un tío sin saber cómo, y teniendo en cuenta que seguramente me habría visto alguien, creí que era un muy buen momento para huir finalmente.

CAPÍTULO 6: LA MOTO.

Lo único que se me ocurrió fue salir de ahí corriendo lo más rápido posible, presa del pánico, sin tener ni idea de cómo actuar o escapar. Entré en la casa y me hice paso entre la gente rápido para salir, sin ni siquiera mirarlas, rezando para que nadie se fijara en mí.

Llegué al porche, agarrándome a la baranda de acero e hiperventilando, miré a todos lados buscando una manera de escapar.

—Mierda, ¡mi bolso! —pensé en voz alta, al notar que no lo llevaba encima.

Miré hacia atrás. Recordé que dentro llevaba las llaves de mi casa (a la que no iba a volver nunca más), el móvil (el cual tampoco era muy útil si no quería que me localizasen por ser una asesina) y... dinero. Ese sí que iba a ser un problema, pero entrar para buscarlo sería una mala idea. Evadí cualquier pensamiento de volver a por mis pertenencias.

Observé a mi alrededor buscando una manera de escapar y, como anillo al dedo, vi una moto aparcada en la acera de enfrente, bajando un poco la calle. Corrí hacia ella y me quedé mirándola muy de cerca como una tonta sin saber qué hacer para que arrancara.

—Ey —oí decir a alguien detrás de mí, tocándome la espalda con el dedo.

Pegué un chillido y del susto estuve apunto de volcar la moto hacia al lado de la acera.

—¡Pedazo de retrasada, que me la vas a tirar! —la misma persona que me sorprendió me empujó a un lado rápidamente y sujetó su preciado vehículo.

Se escuchó a una casa cercana bajar la persiana, seguro de una familia molesta con el ruido.

—Creo que tienes que controlar tus sustos, eh —se dio la vuelta para reírse de mí el mismo chico que me ayudó a ocultar mi desastre con el jarrón.

Era Martín. Y en ese momento, como ya no estaba borracha y era más consciente, se me hacía muy raro volver a interactuar con él tras tantos meses. No me sentía cómoda sabiendo que una persona que me hizo daño estaba cerca de mí. No sabía cómo reaccionar al verle, por eso hice como que ya no me importaba.

—¿Qué haces tú aquí? ¿Por qué apareces siempre así? —recriminé.

Era triste que la misma persona que en su día fue mi lugar seguro, dejó de serlo y me produjera inseguridad. Por eso, durante un tiempo preferí pensar que estaba muerto. Porque no me hacía a la idea de que esa persona a la que quise cambió tanto. Porque no sabía cómo seguir con mi vida sabiendo que existía.

—¿Qué haces tú con mi moto? —me sonrió Martín enarcando una ceja y se recolocó un poco su pelo oscuro.

Estaba delante de mí y reconocía su cara y su voz. Veía una imagen que recordaba, aunque no a una persona que para entonces siguiera conociendo. Porque ya no sabía nada de él. Era consciente de que hubo un momento en el que nuestras vidas se compartieron, pero en ese momento lo único que me quedaba de él eran vagos recuerdos que apenas veía con claridad. Era incapaz de recordar cómo eran los momentos a su lado o cómo me sentía al estarlo.

—Ahh... emmm... nada... Es que es una moto muy chula y... —empecé excusándome pero él me interrumpió.

—Cristina, ¿me estabas intentando robar la moto? —preguntó.

—No, ¿pero qué dices? ¿Cómo iba a hacer yo eso? —me hice la loca.

—Si querías ligar conmigo lo podrías haber hecho de otra forma —soltó el gilipollas con una sonrisa burlona.

Lo de ser el típico tío que se lo tenía tan subido que daba asco lo seguía teniendo. Iba a decirle de todo menos cosas bonitas pero se me ocurrió una mejor idea.

—Martín, verás, es que... este tiempo te he echado de menos y... —me acerqué a su pecho y empecé a jugar con la cremallera de su chaqueta— me preguntaba si quizás podíamos dar una vuelta para recordar viejos tiempos —le miré a los ojos de manera seductora, le estaba siguiendo el rollo con el único objetivo de llevarme la moto.

—Pues claro que sí —dijo en voz bajita acariciando mi cintura.

Sacó del maletero el único casco que había y me lo colocó, me ayudó a ajustármelo también.

—¿Eres consciente de que si te ven sin casco te va a caer una buena multa, no? —me vino a la mente.

—¿Ves que tenga otro casco? Es que si nos ponemos así tú tendrías que ponerte un traje también, no te jode —me mandó a callar y se montó en la moto—. Venga, pesada —indicó que me sentara detrás.

Puse un pie en la estribera antes de pasar la otra pierna por encima de la moto. Quedé en el asiento y me sujeté a su espalda, aunque evitando lo más posible el contacto físico. Arrancó el vehículo y condujo un rato hasta salir del pueblo.

Después de todo el agobio por lo que había pasado, giré mi cara hacia un lado de la carretera y disfruté de la calma que producía el viento dándome en la cara, acariciando suavemente un poco del pelo que se me asomaba por la parte descubierta del casco.

—¿A dónde quieres ir exactamente? —me preguntó alzando un poco la voz para que le oyera a pesar del ruido del motor.

Miré cabizbaja el asfalto mientras pensaba en todo lo que había pasado hasta ese momento, tratando de asimilar algo. Fui a una fiesta y ¿acabé matando a alguien? Intenté encontrarle el sentido, pero sin éxito.

—Lejos —le respondí sin pensar demasiado, aún mirando el suelo.

En realidad no supe ni siquiera si me había entendido, pero el chico pareció hacerme caso. Lo bueno de ese improvisado viaje era que podría evitar en medida de lo posible una conversación con Martín debido a la dificultad de comunicación por el ruido en la carretera.

Traté de obviar el hecho de que había dejado un cadáver tirado entre unas macetas en el patio de una piscina. Tal vez debería haber ocultado el cuerpo como en las pelis, pero mi único objetivo en ese momento de angustia era salir lo más rápido posible. Además, sería inútil porque seguramente hubo algún testigo o alguien que sospechase algo raro. Me di cuenta de que era pésima como asesina y que no iba a salir viva de esa. Mi estómago se empezó a revolver.

Para olvidarme por un tiempo de mi innegable destino, decidí darle vueltas a otro tema. Había perdido el tiempo, todo lo que estudié para sacarme Bachillerato, no iba a servir para nada porque no lo iba a terminar. Aunque ya no me preocupaba tanto decepcionar a mis padres. Total, ya lo estaban y no me iban a echar de menos. Ni ellos, ni nadie. No esperaba que alguien se preocupara por mí o le importase lo suficiente como para darse cuenta de que me había ido, o buscarme. Como mucho para la recompensa con la que premiarían a quien me encontrase para encarcelarme. Vale, es verdad, dije que no iba a pensar en eso.

Noté mis ojos humedeciéndose y también me di cuenta de que inconscientemente me había abrazado a la espalda del hijo de puta de Martín. Pero no me aparté.

Sin poder evitarlo, me eché a llorar y aunque pensé que el chico de delante no se daría cuenta por el ruido de la carretera y la moto, no fue así. Giró la cabeza rápido para mirarme sorprendido para después volver su vista a la carretera. No pasó mucho tiempo hasta que acabamos en un merendero que tenía mesas y bancos de madera rodeados de altos árboles, con vistas a la montaña que nos darían una hermosa vista de las estrellas. Me sequé las lágrimas rezando para que no me preguntase nada.

CAPÍTULO 7: DIEZ MESES.

Una vez que toqué el suelo, me envolví con los brazos para resguardarme del fresco que se empezaba a notar más por el viento que se estaba levantando. Martín me desabrochó el casco. Con ayuda de la linterna de su móvil, nos dirigimos en silencio para sentarnos de espaldas en el banco de una de esas mesas. Al dejar caer nuestro peso, las maderas chirriaron.

—¿Qué te pasa? —me dijo con un tono serio que no había escuchado salir de él antes, dejando ver un poco esos ojos verdes a pesar del ceño fruncido—. ¿Por qué llorabas? —preguntó mostrándose todavía firme.

—¿Yo? ¿Qué dices? No —mentí a la vez que me señalaba—. Tenía moquera, ya sabes, hace frío —inventé frotando mis brazos de nuevo.

Esperaba que me creyera y dejase de una vez el tema. ¿Esperar a que se quedase dormido y luego dejarlo tirado sería demasiado cruel?

—Sé que mientes —respondió decepcionado acercándose más a mí—. Pero tienes razón, además llevas poca ropa —me miró de arriba abajo y se detuvo al llegar a la altura de mi cara.

Recordemos que al elegir mi *outfit*/disfraz de cono de tráfico, esa cosa llamada frío no cruzó por mi mente ni tuve en cuenta que apenas eran principios de febrero.

—¿Todo bien? —me mostré extrañada.

Siguió analizándome y me empecé a sentir muy incómoda porque no sabía qué coño pensaba, siempre fue muy difícil descifrar la emoción que transmitía su cara.

—¿Quieres mi chaqueta? —me ofreció mientras se la quitaba.

—No —la rechacé y justo un escalofrío recorrió mi cuerpo—. Bueno, vale sí —se la arrebaté para evitar congelarme.

La chaqueta me quedaba enorme y me odiaba por ponérmela una vez más. Martín llevaba debajo una térmica negra que se le pegaba muy bien al cuerpo.

—Pues bueno... ¿qué te cuentas? —intentó darme tema de conversación.

—Nada —le contesté de manera seca y cortante, subiendo mis piernas al asiento para abrazarlas y acurrucar mi cabeza entre las rodillas.

La chaqueta de Martín me recordó ese olor dulce que ya había olvidado por completo.

—Cristina, no seas así. Tiene que haber algo, han pasado emm... —se puso a hacer cálculos.

—Diez meses —suspiré y dije por él, mirando al suelo.

—Pues por eso, han tenido que cambiar muchas cosas —me dio una palmadita en el hombro y dejó su mano ahí, pero yo la aparté.

Se me quedó mirando en silencio, suspiró y creó una nube de vaho en el aire.

—Mira, Cristina, entiendo que te molestase mi decisión y que todavía estés enfadada, pero fue lo mejor —mencionó con un tono de voz melancólico y fijó su vista en las estrellas.

¿Lo mejor? ¿O lo mejor para él?

—No quiero hablar de eso, Martín. Ya ha pasado mucho tiempo —le corté haciéndole saber que prefería no tocar el tema.

—Vale —entendió—. Bueno, entonces, ¿cómo es que estabas en esa fiesta? —se interesó y mi piel se erizó al volver a pensar en el suceso del patio.

—Acompañando a Lucía —le contesté a la vez que bajé las piernas del asiento, tensa.

—Ostia, no me acordaba de ella. ¿Sigue siendo un incordio? —se rió y se tumbó en el banco, recostando su cabeza en mis muslos.

Temblé de forma automática.

—Sí —también solté una pequeña risa y me pasé un mechón de pelo tras la oreja—. Desde ahí abajo tienes que tener una vista increíble de mi papada —volví a reírme.

—De tus tetas más bien, pero sí —puso de nuevo esa sonrisa pícara y me sacó la lengua.

Acto seguido le di un palmetazo en el pecho y él sonó con una divertida queja de dolor.

—¿Y tú qué hacías por el pueblo? —quise saber y con mis dedos empecé a jugar a acariciar su oreja y mandíbula.

Miré al cielo y deduje que no faltaba mucho para que amaneciera, seguía sin saber qué hacer o a dónde ir. Con la otra mano toqué el bolsillo de la chaqueta de Martín y noté su cartera dentro.

—Iba a ver a unos viejos amigos y, de paso, cómo nos enteramos de que había fiesta, aparecimos allí —dijo en un bostezo.

Asentí aún sin verle, pero sabía que me estaba mirando.

—Mira las estrellas antes de que se haga de día —le indiqué dándole una palmadita en el moflete.

—Me gusta más mirarte a ti —confesó con un tono de voz bajito.

—Qué tonto que eres —fue lo primero que se me ocurrió decir.

No era capaz de llevarme su moto ni de dejarlo tirado, era demasiado. Por mucho daño que me hubiera hecho tampoco se lo merecía.

—¿Por qué saliste corriendo de la casa? —recordó y se extrañó.

De un impulso lo aparté y me puse en pie rápidamente.

—Emm ¿yo? Es que quería salir a echarme un cigarro... —fingí pensando en cómo irme corriendo otra vez para evitar la situación.

—Pero si tú no fumas, Cristina —desmintió ladeando la cabeza.

—Uy, mira por dónde, es que me estoy meando muchísimo. Voy detrás de un árbol, ¿vale? —no se me ocurrió una excusa mejor y empecé a retroceder.

—Pues ten cuidado y ve con la linterna, que aún está oscuro y no vaya que te caigas —me aconsejó aún confundido.

Lo que Martín no sabía era que yo no tenía móvil.

—Sí, sí, tú tranquilo. Quédate ahí quietecito, que ahora vuelvo —volví a mentirle y toqué el bolsillo asegurándome de que tenía su cartera.

Me di la vuelta y me alejé. Se veía lo justo pero conseguía al menos distinguir los árboles para no tragármelos. Apenas había empezado a correr cuando tropecé con una raíz y me comí el suelo. Intenté ponerme en pie de nuevo pero me dolía demasiado el tobillo.

—Cristina, ¿tienes ya los pantalones subidos? —no tardé en escuchar a Martín buscándome.

—¡Joder, sí! —grité enfadada cuando me deslumbró con su móvil.

—¿Qué haces en el suelo? —se rió cuando me vio.

Resoplé con desesperación estirándome la cara con las manos.

—No me puedo levantar —le tendí los brazos.

—Te dije que te ibas a matar, payasa —me cogió a caballito—. ¿Por qué no te has alumbrado como te dije? —preguntó llevándome de nuevo al merendero.

—Perdí el móvil —finalmente le dije.

—Qué retraso tienes, hija mía —volvió a burlarse de mí.

—*Ki ritrisi tinis* —le imité con resentimiento.

CAPÍTULO 8: LA LLAMADA.

Aún resoplaba cuando Martín me sentó en la mesa de madera. Me crucé de brazos, pero mi enfado se esfumó cuando no pude evitar apreciar y contemplar asombrada el precioso amanecer. La salida del sol hizo que el cielo se tiñera de múltiples tonalidades naranjas y nubes rosas. Me fue imposible desviar la mirada a otra cosa que no fuera el pelo oscuro de Martín moviéndose en el aire, reflejado por esos rayitos dorados.

Martín y yo nos conocíamos desde pequeños, nuestros padres eran amigos. Estábamos acostumbrados a vernos en cenas y celebraciones. Era unos años mayor que yo y siempre me sentí nerviosa cuando estaba cerca de él, creo que en el fondo siempre supe que me gustaba.

Hasta hace diez meses, tras descubrir que era mutuo, habíamos tenido durante dos años una especie de relación que iba y venía. El problema era que no estuvimos dispuestos a comprometernos en la misma dirección o nivel de la relación. Nunca llegamos a formalizar nada debido a que Martín nunca tuvo claro lo que quería, no me elegía pero tampoco era capaz de soltarme. Mientras tanto, yo era la niña más feliz del planeta, porque en esos ratos a su lado tenía la confianza para poder soltarme y sentirme completamente yo, cosa que nunca experimenté con cualquier otra persona. Su falta de compromiso me fue especialmente dolorosa y me sentía decepcionada, ya que estaba muy enamorada.

—No parece nada grave, pero debería llevarte ya a casa —sugirió tras revisar mi tobillo, considerando que llevaba toda la noche fuera y que incluso se había hecho de día.

Se puso en pie, parecía decidido a cogerme de nuevo para montarme en la moto, pero le detuve.

—No puedo volver ahí —le rogué con la mirada al mismo tiempo que le agarré la mano.

Al instante me arrepentí de ello y aparté mi mano rápido.

Durante ese tiempo, yo claramente me daba cuenta de esas ciertas cosas que no estaban bien. Pensaba que el chico tenía algunos defectos por mejorar pero siempre quise creer que había millones de razones más por las que admirarle. Porque, al final, Martín había hecho y dicho muchas cosas que me hicieron enamorarme perdidamente de él. Pero supongo que las palabras vuelan y al parecer las promesas de algunas personas también. Lo quise a pesar de todo, incluso más de lo que merecía. Sin embargo, quiso enseñarme que el amor no basta si alguna de las dos personas no pone de su parte.

—¿Y eso? —ladeó la cabeza, confundido, y se acercó a mí.

Martín tenía otros planes o metas para su futuro que no me incluían. Quería mudarse y rehacer su vida, y eso significaba dejarme atrás y olvidarse definitivamente de mí. Eso me hizo sentir que no era lo suficientemente buena como para que decidiese quedarse conmigo. Todo acabó cuando traté de hablar con él sobre mis sentimientos y preocupaciones. Él, en vez de intentar entenderme, lo vio como un reclamo, por eso acabamos discutiendo. Yo no quería buscar un culpable, sino solucionar el problema.

—Tengo problemas con mis padres —le dije la verdad sin especificar demasiado.

Y con especificar me refiero a contarle que era probable que no tardaran en buscarme por homicidio.

Él suspiró dándome una mirada triste y me acarició la mejilla con el pulgar, pero tampoco tardó en retirar su mano. Martín ya sabía que mi relación con ellos nunca fue demasiado buena. Nos quedamos viendo fijamente y yo no pude evitar recorrer toda su cara con la mirada, acordándome de pequeños tontos detalles que en su día me encantaban: esos diminutos lunares que tenía sobre la nariz y cerca de la ceja, la ínfima cicatriz en la sien de cuando se tragó un columpio de pequeño, sus pestañas largas, sus malditos y preciosos ojos verdes que en ese momento se veían aún más claros por el sol... Mis ojos se pusieron llorosos y al instante escondí mi cara en su pecho.

—Deja que me vaya contigo, por favor —le pedí entre sollozos.

Se me encogió el pecho al recordar ese doloroso último día del que me avergonzaba y quería olvidarme. Debí darme cuenta antes de que si una persona de verdad te quiere en su vida hace todo lo posible para que te mantengas en ella, que él quería irse y yo no podía hacer nada. Fui muy ridícula al insistirle para que no se fuera de mi vida, pero es que no quería perderle. En el fondo tenía que entender que él ya era adulto y que tenía derecho a tener libertad y querer disfrutar su juventud, ¿no? Y que yo no tenía que esforzarme tanto en que fuese para mí.

—Joder... Bueno, yo que sé... —mi petición le pilló desprevenido—. A lo mejor puedo llevarte a mi casa unos días —pensó mientras me acariciaba la nuca tratando de consolarme—, pero al menos deberías avisar a tus padres de que estás viva, que estarán preocupados. Podrías decirle que te vas a quedar con algún familiar lejano durante un tiempo y luego colgar —ideó tendiéndome su móvil.

Según creía recordar, Martín se había mudado al piso antiguo de su hermana mayor, a una hora de mi pueblo.

—Estaría mejor sin tener que hablar con ellos... —le recordé al separarme para secar mis lágrimas y me miré el dedo, manchado de color negro—. ¿Parezco un panda, verdad? —solté una pequeña carcajada.

—Un panda precioso —me dio un toque con el dedo a la punta de mi nariz—. Cristina, tú llama por número oculto y dile eso a tus padres, anda. Recuerda que tengo casi veinte y tú aún diecisiete, no quiero tener problemas y que se piensen que he secuestrado a una menor, ¿sabes? Si tu madre se enterara de que estás conmigo me asesinaría —ironizó y solté una risa nerviosa que sonó demasiado falsa.

—Tienes razón —asentí—. Pero... ¿y tus amigos? ¿No se extrañarán de que no vuelvas con ellos? —cogí su móvil.

—Nah, saben que siempre voy a mi bola. Además, igualmente ya tenía que volver —le restó importancia al asunto—. Bueno, te dejo privacidad para que llames —indicó y se fue.

Me quedé mirando los números de la pantalla, pero tenía decidido que ni de coña iba a hacer esa llamada. Aparte, ¿y si la rastreaban o alguna de esas mierdas? Podrían saber dónde estaba y no era buena idea.

Pasados unos minutos había fingido una conversación. Llamé a Martín para que me llevara a la moto. Vaya brazos tenía. Antes de montarnos me inventé que colgué antes de que a mis padres les diera tiempo a gritarme. Él me avisó que tendríamos que hacer una parada para repostar ya que no quedaba gasolina suficiente como para llegar a su casa. Eso me asustó, en las gasolineras había cámaras, ¿y si alguna me reconocía?

CAPÍTULO 9: EL PISO.

Una vez paramos frente a la gasolinera más próxima, Martín bajó de la moto. Me sujetó de la cintura y sacó la cartera del bolsillo de la chaqueta que yo seguía llevando puesta. La abrió e hizo una pausa, pensativo.

Estaba muy estresada. ¿Por qué el imbécil se quedaba parado? Y yo que quería estar en ese lugar el menor tiempo posible... Aunque si no me quitaba el casco habría menos peligro, ¿no?

—Te iba a decir que entraras tú mientras a pagar para así tardar menos, porque supongo que estarás cansada y querrás llegar ya, pero me he acordado de que estás coja —finalmente informó.

En el caso de que pudiera andar, tampoco me habría arriesgado a dar la cara al cajero o posibles cámaras. Abrí los ojos asombrada por la oportuna idea que se me acababa de ocurrir para irnos pronto.

—Da igual, coja sólo de una pata —me apresuré a bajarme yo también del vehículo—. ¿Ves? Puedo mantenerme de pie con cuidado. Puedo echar la gasolina yo —le convencí con una sonrisa nerviosa.

En realidad esa sonrisa buscaba reprimir una mueca de dolor al apoyar el pie izquierdo en el suelo. También me sujeté disimuladamente al surtidor para evitar caerme.

—Vale, pues encárgate tú de repostar y yo voy a dentro. Voy a pillar también algo de comer, te invito a desayunar —sacó dinero y volvió a meter la cartera en la chaqueta.

Hice lo que justo acababa de asegurar que era capaz de hacer, pareciendo una pésima equilibrista en una cuerda floja, saltando a la pata coja. Acabé y me agarré a la moto. Entrecejé los ojos para enfocar el interior de la tienda de la gasolinera.

Conseguí ver colgada una pequeña tele de esas antiguas y gordas. En ella se reproducía un canal de noticias. Algo en mí no quería seguir mirando porque no quería encontrarme con algún anuncio de "se busca asesina fugada adolescente". Pero me sentí desconcertada y a la vez aliviada al ver que hablaban de que Rusia estaba preparándose para invadir Ucrania y no de mí. Bueno, eso ha sonado muy egoísta.

No tardaron mucho en abrirse las puertas automáticas de las que salió Martín recolocándose el pelo y una pequeña bolsa de plástico en la mano. Sin llegar a decirme qué era, la guardó en el maletero de la moto y volvimos a ponernos en marcha.

Muertos de sueño llegamos finalmente a una ciudad considerablemente más grande que dónde yo vivía, con un notorio estilo urbano. El bloque de Martín era bastante simple pero destacaban grandes ventanales, estaba a diez minutos andando del centro. El chico se quedaba en el quinto piso, por eso tuvimos que utilizar el ascensor para subir.

Tras utilizar un manojo de llaves para abrir el portón de madera, dejó ver el interior de su hogar. Mientras que me ayudaba a andar con cuidado, analicé todo el escenario.

Nada más entrar había una entradita con un mueble y un espejo, esta daba a un espacio que era salón y cocina a la vez. Lo que más destacaba era la gran ventana en la pared del fondo. También había un pasillo que daba a su habitación, el baño, un pequeño gimnasio y un cuarto para la colada.

—¡Qué bonito el piso! ¿Y dónde tienes apuntado el número de chicas que has traído ya aquí? —dije sarcásticamente, quizás aún picada por el pasado.

—Ya no soy así —respondió con una suave sonrisa triste y me tumbó en su gran sofá oscuro.

Casi todos los muebles eran de color negro. Tenía una decoración simple, pero muy bonita. Lo único que lo estropeaba era que estaba algo desordenado, pero no me sorprendía nada porque Martín siempre lo había sido. ¿Aquí es donde había estado estos diez meses?

—Cuidado, no vaya a salir una de ellas debajo de un montón de ropa —ironicé siguiendo con mi broma.

Él aún no se había quitado de encima mía tras haberme soltado en el sofá, tenía sus brazos estirados para apoyarse a cada lado de mí. Se me quedó mirando en silencio con una expresión seria su cara. Yo me fijé sus hombros firmes y brazos fibrosos.

—Te he dicho que ya no soy así, Cristina —volvió a decir con un tono de voz molesto, clavando sus ojos verdes en mí.

Lo único que se me pasó por la mente en ese momento era que mentía porque nadie cambia.

—Vale —solté en un hilito de voz dando a entender que no haría más la coña.

Él seguidamente se levantó y tiró con un poco de mala gana la bolsa que había comprado en la gasolinera sobre la mesita que había entre el sofá y la tele.

—Te puedes quitar los zapatos, eh —indicó para que me pusiera cómoda.

Lo hice y el chico mientras se dirigió a la parte de la cocina y abrió el frigorífico.

—¿Zumo de piña o de naranja? —me preguntó dándome la espalda.

—No tengo hambre, gracias —le respondí alzando la voz, pendiente de las vistas de la ciudad a través del ventanal que estaba en la pared a mi derecha.

Estaba aún agobiada por todo el asunto del asesinato que no parecía tener sentido. Los nervios parecían haberme cerrado el estómago.

Volvió en silencio hacia donde yo estaba y dejó sobre la mesa el tetrabrick de zumo de piña.

—Tú siempre tienes hambre —enunció clavando su odiosa mirada en mí de nuevo, acompañada de una pequeña risa.

Sacó de la bolsa un par de paninis para calentar y se me hizo la boca agua al instante. Martín sabía que cualquier cosa con queso era mi debilidad. Los llevó al microondas y el olor que se desprendía por todo el piso hacía que mi barriga rugiera descontroladamente.

—Cristina, yo no sé tú —el chico trajo el apetecible desayuno—, pero yo estoy mueeerto de hambre —le dio a continuación un buen mordisco a uno de los paninis, tentándome.

Hambrienta a más no poder, me abalancé sobre la comida y la engullí como una cerda. Cada bocado se sentía como visitar al mismísimo San Pedro. Le pegó un trago al zumo y luego me lo tendió para ofrecérmelo.

—¿La de traer vasos te la sabes? No quiero chupar lo mismo que tú —solté algo escrupulosa.

Él abrió la boca para decir algo, pero en su lugar simplemente se rió y se quedó callado. Creo que los dos pensamos en lo mismo y yo me puse algo roja. Como si no hubiésemos compartido babas ya muchas veces... Carraspeé mi garganta y cogí el tetrabrick para beber.

Poco después, ambos nos quedamos dormidos en el sofá, de manera casi inconsciente. Pasado un rato me desperté tumbada con Martín sobre mi pecho abrazándose a mi cintura. Vaya confianzas estaba cogiendo...

Tampoco quise hacer nada para moverlo o despertarlo. Miré su cara con esos ojitos cerrados. En cierta manera, parecía un bebé durmiendo, se veía muy mono. Y su pelo olía muy bien. Por alguna incognoscible razón, no quería que dejase de estar pegado a mí, no quería que terminase ese momento. En realidad, pensé que ojalá nunca hubiera dejado de sentirlo así de cerca.

Pero, ¿qué pollas estaba pensando? No estaba centrada en que verdaderamente me estaba aprovechando de él para escapar y que no pillasen mi supuesto crimen. Recordé los momentos malos y lo terriblemente mal que acabamos. Sabía que yo lo podría haber hecho mejor pero tampoco creía merecerme ese final. Me di cuenta de que una sonrisa triste se había trazado en mis labios y que unas pequeñas gotitas de agua se estaban deslizando por mi cara... Una vez más llorando por la misma mierda.

CAPÍTULO 10: LA VERDAD.

Nos guste o no hay personas que nos marcan. Y joder, Martín era como una herida que nunca llegó a cicatrizarse bien.

—Hueles a mierda —fueron las primeras palabras que pronunció el chico al despertarse y hacer como que me olisqueaba.

—¿Va? —le respondí pegándole un palmetazo—. ¿Ni buenos días ni nada? —me burlé, ya era casi mediodía.

—Nah —se puso en pie y se estiró—. Deberías ducharte, voy a buscar que creo que Valeria se dejó algo de ropa —dijo refiriéndose a su hermana mayor.

Asentí y aún sentía toda la churre del maquillaje corrido. Me puse en pie con cuidado y fui andando despacio al baño. Martín apareció con un conjunto de chándal negro y algo de ropa interior. Yo me metí a ducharme y puse el agua bastante caliente, me recreé un poquito porque necesitaba relajarme.

¿De verdad Martín era más feliz así? ¿Tenía que echarme de su vida como si fuese puta basura para sentirse mejor? Yo siempre estuve dispuesta a darlo todo para mantenerlo cerca, por eso me dio mucha impotencia saber que la voluntad no fuese mutua. La misma persona que me había sacado las mejores sonrisas se convirtió en el motivo por el que se me encogió el pecho incontables noches.

Cuando salí, el chico estaba entrenando en su gimnasio haciendo ejercicios con mancuernas a la vez que se observaba en el espejo que ocupaba toda la pared para corregir cualquier fallo en su técnica. Aparte de pesas, tenía un par de máquinas. Pero lo que me llamó la atención fue el saco de boxeo colgado. Cuando se giró y me vio, se secó el sudor de la frente con una pequeña toalla mostrando sus brazos bombeados y se dirigió a mí.

Ojalá nunca me hubiera enamorado, todo hubiera dolido menos. Martín era la persona que más me había hecho sentir, y hace un tiempo hubiera dicho que sin importar qué, era el indicado para mí. Pero debía tener la mente fría, si hubiese sido para mí nunca se habría ido de mi lado.

—Preciosa —me susurró acariciándome la barbilla con una sonrisa tonta y su cara rojita por el esfuerzo físico—. Pensaba que te habías ahogado —rió con sarcasmo y se metió él en la ducha.

¿Por qué me gustaba que acabara de decir eso? ¿Por qué la forma de sus labios se repetía en mi cabeza pronunciando esa palabra una y otra vez, recordando otras miles de ocasiones en las que lo había hecho? ¡¿Por qué coño me seguía gustando después de todo?! Ya estaba acostumbrada a estar sin él, ¿por qué tenía que volver a ponerlo todo patas arriba?

Tenía que quitarme esas ideas de la cabeza que no me dejaban centrarme en lo importante. Volví al sofá y puse en la tele las noticias. No eran nada que tuviese que ver conmigo.

Martín salió de la ducha sin camiseta y con el pelo mojado. Se dirigió a la cocina y tras poner aceite en la sartén preparó unos ricos huevos fritos con panceta para que comiéramos.

A pesar de lo gilipollas que fue, Martín me estaba ayudando mucho y me sabía mal estarme aprovechando de su bondad. No quería seguir mintiéndole más tiempo, aunque quizás después seguramente me arrepentiría de decirle la verdad.

—Oye, siento que debo contarte algo —suspiré al terminar mi plato—. Si te ven conmigo podría perjudicarte —no era capaz de mirarle a la cara.

—¿Cómo? —pronunció, no podía verle pero noté sus ojos verdes fijos en mí.

No había una pizca de sensatez en contarle lo sucedido en la fiesta. Pero quizás algo en mí necesitaba ver cómo me dejaba tirada otra vez para olvidarme de él de una puta vez.

—¿Recuerdas que te intenté robar la moto? —jugué con mis manos, nerviosa—. Fue porque necesitaba escapar rápido —me aparté el pelo de la cara, mis ojos se enfocaron en los edificios visibles a través de la ventana—, creo que maté a alguien en la fiesta —terminé confesando como si fuese lo más normal del mundo.

Hubo un silencio incomodísimo que se me hizo eterno.

—¿Qué? —pronunció finalmente el moreno de forma casi inaudible—. Estás de coña, ¿no? —sonó anonadado y retrocedió un poco.

—Ojalá lo estuviera —dije con una sonrisa nerviosa—. De verdad, siento haberte involucrado en esto. No sé ni siquiera cómo pasó —dije intentando contener las lágrimas.

—¿Cómo que no lo sabes? —me agarró de la barbilla para que le mirase a la cara—. Como no lo sepas tú... —se rió el chico arqueando una ceja, no parecía creerme.

Sabía que le había dado miedo a Martín, esperaba que tuviese cabeza y decidiera huir de una asesina lo antes posible (lo lógico), pero por alguna razón el chico buscaba la manera de no hacer la situación tan seria.

Decidí confiar en él y le conté un pequeño resumen de lo que había pasado en esa fiesta:

Que pillé un cabreo impresionante por culpa de la zorra de mi prima, que me emborraché por motivos diversos, que me desperté al lado de una maceta junto a un muerto...

—Pero... ¿quién era? ¿A quién has matado? Yo estuve en la misma fiesta y no vi ningún muerto, eh —quiso saber él, aunque seguía alejado un poco de mi lado.

—Pues no lo conocía, sólo me fijé en que era pelirrojo y que tenía la nariz llena de sangre —recordé el agobio de la situación, de cómo esa imagen me perseguía, y noté mi pierna empezando a temblar.

—¿Pelirrojo? ¿Nariz llena de... —repitió y pareció pensar en algo—. ¡Ah, ostia! Eres tontisima, te lo juro —se notaba que estaba haciendo un gran esfuerzo para contener la risa.

Tras rayarme a más no poder porque no entendía nada, Martín me contó la realidad sobre lo que pasó: Hubo una pelea, ese pelirrojo se estuvo dando de puñetazos con el cumpleañero e iba bastante borracho, acabó vomitando en la maceta. Seguramente se quedó semi-inconsciente del pedo que tenía, pero seguía con vida. Aunque eso era otra larga historia.

Todo cobró un poco más de sentido y caí en que lo más probable es que hice miles de tonterías (que prefería no saber) cuando iba borrachisima y acabé durmiendo en un macetero, pero era un alivio saber que por lo menos no había matado a nadie. Por eso no salía nada relacionado en las noticias. Abrí la boca, pero no conseguí decir nada. Me sentía muy estúpida por toda la paranoia que me había estado montando todo ese tiempo, solo porque me pasé bebiendo e iba como una cuba.

Aún sabiendo la realidad de lo ocurrido, tenía claro que tampoco quería volver. Le expliqué al moreno que tenía junto a mí que ya no había nada en ese lugar que me hiciese mínimamente feliz, que simplemente me hiciera sentir viva o con algo de ilusión. Esa experiencia me estaba sirviendo para ver algunas cosas desde la distancia. Alejarme de todo y de todos era algo que necesitaba. Creía que escapar podía ser una oportunidad para encontrar mi lugar en el mundo.

—No mereces nada de lo que has pasado, no es nada justo —entendió Martín—. Tú no has hecho nada mal, no es tu culpa ni eres el problema —me abrazó fuerte.

Escondí mi cara en su hombro y él sujetó firmemente mi nuca con su mano. Ese abrazo era algo que realmente necesitaba desde hace un tiempo.

CAPÍTULO 11: HASTA TARDE.

Los siguientes tres días pasaron bastante rápido. Yo dormía en la habitación de Martín y él en el sofá. Su cuarto tenía poco más que la cama de matrimonio y el gran armario empotrado. La pared tenía unos cuantos pósters de bandas de rock. Al parecer, al chico le gustaban más cosas a parte de las motos y las tetas.

Trabajaba como repartidor de comida a domicilio en turno de mañana. Era una buena excusa para pasearse con la moto todos los días, y a veces para conseguir comida gratis si es que sobraba. Mientras él estaba fuera, yo me entretenía con la tele o jugando a videojuegos, tampoco podía hacer otra cosa.

Mi mente se encontraba bastante relajada: No tenía que soportar a padres, ni primas ninfómanas, falsos amigos o gente estúpida en general. Y sobre todo, mucho más tranquila al no tener que preocuparme por un crimen.

Nos pasábamos el resto del día hablando de cualquier tontería, como si nunca hubiese pasado nada. Parecía incluso irreal, algo que hace unos meses soñaba y deseaba con todas mis fuerzas que pasara.

El miércoles cenamos pizza y, como los días anteriores, nos acostamos cada uno en el sitio asignado. Esa noche no conseguía dormirme. Miraba el techo de la habitación en silencio, absorta en mis pensamientos.

Esos días no había querido acercarme demasiado al chico. Cuando él lo hacía más de la cuenta, yo me apartaba para mantener una distancia prudente. Y no porque no quisiera tenerlo cerca, si no porque evitarlo era más fácil que fingir que ya no sentía nada por él. Porque aunque me estuviera resistiendo como nunca a comerle la boca, no podía hacerlo de nuevo. No podía permitir que la historia se repitiera porque siempre tendría el mismo final: mi corazón hecho trizas de nuevo preguntándose si alguna vez alguien llegará a quererme lo suficiente como para quedarse conmigo.

Me desperté de madrugada porque tenía ganas de ir al baño. Mi tobillo estaba mejorando y podía andar con cuidado. Cuando me encaminé hacia la estancia, noté que se veía luz por debajo de la puerta.

—¿Martín? —le llamé tocando la puerta del baño.

¿También le habían entrado ganas de mear a estas horas?

—Ya salgo —vociferó desde dentro.

Entré yo y cuando terminé, Martín seguía en la pared del pasillo junto al baño. Miraba hacia abajo frotándose los ojos, como si le molestara la luz. Su pelo oscuro estaba muy despeinado pero a la vez me encantaba.

—No puedo dormir —informó antes de que me diera tiempo a preguntarle por qué seguía ahí.

—Yo tampoco —respondí con rapidez.

Nos quedamos mirando en silencio, solo iluminados por la tenue luz que asomaba del baño aún.

—¿Puedo dormir contigo? —susurró mostrando sus ojos que parecían casi suplicarme.

—Vale —contesté en el mismo tono de voz sin saber bien por qué.

Fuimos a la cama y nos metimos entre las sábanas. Al principio me tumbé de lado dándole la espalda, estaba algo incómoda, tanto que se me olvidó cómo respirar de manera inconsciente. Los dos estábamos con los ojos cerrados, pero ambos sabíamos que ninguno estaba dormido. Transcurrido un tiempo quise cambiarme de posición para acomodarme, me di la vuelta y quedamos los dos cara a cara, aunque distanciados.

—Cristina —me llamó el moreno y abrí los ojos.

Entraba algo de luz de la calle por la ventana. Sin despegar sus ojos de los míos se relamió el labio inferior.

—¿Alguna vez te dije que tus ojos me pueden? —confesó mirándome embobado.

—Siguen siendo marrones, eh —objeté porque mi color no llamaba tanto la atención como el precioso verde en sus ojos que me quitaba a menudo la respiración.

—Lo sé —reconoció—, pero es que son muy bonitos —terminó diciendo—. Es como que reflejaban inocencia y a alguien muy cariñoso y sensible. Son muy expresivos y monos. Y no sé, siento que me miras con mucha ilusión... y me encanta demasiado —estaba sonrojado y mostró la sonrisa más bella de todas.

—Cállate —dije intentando que no se notara que me estaba poniendo colorada.

Tenía razón, lo peor era que esa parte de mí solo había conseguido sacarla él. Y el daño que me hizo era el motivo por el que nadie más lo había hecho.

—Es que son preciosos y no me gusta imaginármelos tristes —hizo un puchero—. No quiero que te hagan daño y me mata saber que yo lo he hecho demasiadas veces —sonó arrepentido.

—Bueno, ya da igual —mentí desviando la mirada al techo.

—No, no da igual —tomó mi barbilla con fuerza para que le viera—. Me dio rabia hacerlo tan mal contigo —y por un momento pareció que lo decía en serio.

Teniéndolo enfrente, tenía ganas de abofetearlo por todo lo que me había hecho. No iba a caer en su juego, ya no confiaba en él. Sabía que estaba mintiendo para conseguir lo que quería una vez más. No iba a darle el poder de destruirme de nuevo.

—Ea, pues uno y las decisiones que toma, ¿qué le vamos a hacer? —forcé su mano para quitarla.

—No te hagas la dura que sé que aún me quieres —alardeó.

Tantos pensamientos contradictorios me estaban llegando a frustrar de manera inimaginable.

—Te quiere tu puta madre, ¿vale? —me enfadé.

—Ah, ¿sí? —me desafió con la mirada dejando entrever esos ojos.

—Sí —no quería dejar que se saliese con la suya, no de nuevo.

—¿Crees que no me he dado cuenta de que aún llevas el colgante que te regalé? —rozó mi cuello con sus dedos para sacar esa estúpida cadenita, odiaba que su tacto erizase mi piel.

—Pegaba con el *outfit*, ¿vale? —le mentí rápidamente tratando de desviar su atención, pero notó que tragué saliva, nerviosa, cuando volví a meter la joya plateada por dentro de mi ropa.

En realidad, nunca había llegado a quitármela desde el día que me la regaló.

—Bueno, entonces no te importa que me quite la camiseta, ¿no? —preguntó levantando una ceja.

—Ee... no —contesté sin pensar demasiado.

—Pues ya está, buenas noches —se quitó la prenda y me abrazó envolviéndome entre sus brazos haciendo que mi cara quedara escondida en su pecho.

Me quedé embobada mirando sus brazos, esa forma redondita que se le hacía en el bicep y los hombros, no sabía que tenía pero me encantaba, y a la vez me odiaba por ello. Noté que me pegó algo más a él y que empezó a acariciarme la parte baja de la espalda que me quedaba al descubierto. Sentía que me temblaba todo el cuerpo.

¿Cómo se respiraba?

No pasó mucho tiempo hasta que subió la mano que tenía en mi espalda y la metió por dentro de la camiseta para acariciarme. Sin saber por qué, subí mi mano y muy lentamente comencé a rozar con mis dedos su cuello y mandíbula, acariciando así un poco de su barbita. Me dio un beso en la frente, pero tampoco le quise dar más importancia.

—Oye.. .—solté a modo de queja, en una voz tan bajita que creo que ni me escuchó, cuando me agarró del culo para pegarme más aún a él.

Me agarró con la otra mano de la cara apretando mis mofletes y me besó la mejilla. Cerré los ojos con fuerza y no quería mirarle a la cara porque sabía cómo iba a acabar eso.

—¿Qué te pasa? —me preguntó al notarme rara o no sé, quizás porque no le seguía el rollo.

—Nada —le respondí teniendo mil cosas cruzando mi mente.

Se acercó más a mí y sentía su cara demasiado pegada a la mía, me acariciaba el lateral de la cara y pasó a tocarme los labios con el dedo. Notaba que él se pegaba tanto que hacía que nuestros labios se rozasen, me volvió a besar la mejilla y poco a poco bajó por mi cuello enterrando su cara en él para dejar un recorrido de besos lentos y húmedos.

No era capaz de moverme ni sabía cómo reaccionar, mi cabeza se puso a pensar en mil cosas a la vez e inevitablemente eso hizo que mi cuerpo entero se pusiera a temblar y respirar agitadamente, y él se dio cuenta.

—Para, por favor —le pedí cuando no pude aguantar más, aún cerrando los ojos con fuerza.

—Vale —me hizo caso y se separó.

CAPÍTULO 12: ¿COMPRAR?

—¡Me cago en Dios! —gritó Martín fuertemente haciendo que me despertara asustada.

—¿Qué ha pasado? —me sobresalté con el pelo pegado a la cara.

—Pues que me he dormido, ¡eso ha pasado! —se quejó de malas maneras cogiendo la ropa del armario y pegándole un golpe.

Di un pequeño bote atemorizada. Me sentía como una niña pequeña. Aún estando en la habitación, se vistió rápido dándome la espalda, acompañado de un silencio sepulcral. Volvió a mí ese horrible sentimiento de miedo que odiaba que él hubiera producido en mí en tantas ocasiones, cada vez que se enfadaba conmigo. Que me hubiera gritado así me había sentado fatal.

Por cosas como esas, no podía permitirme caer de nuevo en el juego de Martín.

Cuando terminó de prepararse, se puso las manos en las caderas y suspiró pareciendo arrepentido y más relajado. Se giró y cruzó su mirada con la mía, notando que mi semblante se había vuelto serio.

—Perdón por chillarte —se acercó a la cama y me tomó de ambos lados de la cara para darme un suave y delicado beso en la frente.

Se fue con prisa al trabajo y se escuchó el portazo de la puerta del piso.

Me sorprendió que, a diferencia de en el pasado, esa vez había ofrecido una disculpa sincera.

Esa noche después de lo ocurrido había terminado cayendo sobada y había soñado con Martín. Extrañamente no había sido nada subido de tono. El sueño había sido como retroceder atrás en el tiempo, a una época en la que aún estábamos juntos y sin problemas. Ambos dábamos un paseo en moto y tonteábamos de manera muy cariñosa. Despertar y ver que eso no era así me había dejado una sensación demasiado amarga.

Desde que nos reencontramos en esa fiesta en la que lo había sentido como una persona desconocida, poco a poco durante esos días en el piso de Martín había muchas cosas que había vuelto a recordar. Era un extraño, pero al mismo tiempo sabía el por qué de las joyas que llevaba, que siempre se vestía con ropa deportiva y oscura, conocía de memoria todas las distintas tonalidades en sus ojos, reconocía sus gestos, cómo se rascaba a menudo debajo del ojo, el inconfundible sonido de su risa... Entendía también la historia detrás de sus cicatrices, que había dejado de fumar, la estrecha relación que tenía con su hermana... Que era un orgulloso y un cabezota, y que aunque se mostrase en ocasiones chulo y distante era el ser más cariñoso que había pisado la Tierra, que aparentaba ser fuerte pero realmente era muy inseguro con su cuerpo. Y... lo que se sentía más raro aún era que inexplicablemente me dolía haberme olvidado de todas esas tonterías.

Un rato más tarde yo estaba frente al frigorífico picando algo de queso. Justo se escucharon las llaves de Martín y cómo dejaba caer el casco de la moto en el suelo.

—Me han echado —le escuché decir restregándose las manos por la cara mirándose en el espejo de la entrada.

—No jodas —fui hacia él sintiéndome culpable—. Pero si solo ha sido un retraso, ¿no? —inquirí.

—Tenía varios ya y me dijeron que al próximo me iba a la calle —reconoció avergonzado.

Le di un abrazo para consolarlo, me sabía fatal. Había perdido su trabajo por haberse entretenido conmigo hasta tarde.

Además yo me estaba quedando en su piso como una mantenida. Estaba siendo un estorbo.

Cuando llegó la noche estábamos viendo una película. El chico aún seguía desanimado y quería animarlo de alguna manera. Aunque mi idea era bastante absurda, ni siquiera yo entendía cómo había llegado a pensar eso, pero podría ser bastante divertida. Además, llevaba sin pisar la calle días.

—Oye, ¿te apetece que hagamos algo? —le pregunté pellizcando su moflete.

—¿Cómo qué? —ladeó la cabeza y supe qué clase de cosas estaban cruzando por su mente en ese momento.

—No, eso, no —me reí—. Salir fuera. Necesito más ropa —le di una sonrisa.

—Mm... Acabo de perder el trabajo, Cristina. Tengo que ser cauteloso con el dinero —me recordó—. Además, ¿hay tiendas abiertas a estas horas? —consultó.

—Seguramente no —respondí sin más.

—¿Pero tú tienes dinero acaso? —indagó.

—¿Por? —le pregunté divertida sabiendo que no tenía un duro.

—¿Para pagar la ropa? —obvió.

—¿Quién dice que vayamos a comprar? —solté con una sonrisa pícara y Martín hizo el mismo gesto.

Una hora más tarde ya le había contado mi plan. Habíamos cogido la moto y nos dirigimos a hacia una urbanización a las afueras que daba un poco de mal rollo porque estaba en bastante mal estado. Consistía en una serie de casas con un patio comunitario, la pintura blanca de las paredes estaba muy desgastada y el suelo eran baldosas en su mayoría agrietadas o rotas. En medio había una farola que se encendía y se apagaba constantemente.

Entramos con facilidad porque no había puerta. A ver, se notaba que había un espacio para ella, pero se veía que se había roto o algo así y que por eso no estaba.

Él chistó para darme a entender que debía guardar silencio. Se me adelantó y se acercó él primero a un tendedero. Quitó de las pinzas un par de prendas de ropa. Alzó sus brazos en alto para extender y apreciar mejor lo que había cogido.

—Esto mismo —pronunció y me tiró a la cara lo que acababa de coger.

Eso me pilló de imprevisto y tras resoplar, me la quité de encima y de paso me aparté también el pelo.

—No me jodas, Martín, que esto es feísimo —le grité en susurros intentando contener la risa.

Me había dado unas mallas con estampado de leopardo y un jersey morado chillón. Él no paraba de descojonarse y me alegraba muchísimo verlo así de feliz después del día de mierda que había tenido.

—No te pongas tiquismiquis, roba-motos —me vaciló.

Cuando iba a contestarle, me lo impidió porque me tapó la boca con la palma de la mano y me agarró para que nos agachásemos corriendo.

—¡¿Qué pasa?! —estaba muy desconcertada.

—Calla, coño —me dijo y miró a su alrededor—. Es que había escuchado algo, pero habrá sido mi imaginación —respondió tras unos segundos y se puso en pie, tendiendome la mano.

—Bueno, ¿nos vamos ya?   —le pregunté limpiándome las rodillas.

Y justo escuchamos el sonido de una puerta abrirse, nos giramos para ver y de esta salió un hombre bastante grande y con la típica barriga cervecera, pelo negro y rizado atado en una coleta, pero con el cogote al aire.

—Che, ¡¿qué pensáis que estáis haciendo?! —se dirigió a nosotros el hombre con una voz bastante grave y fuerte.

CAPÍTULO 13: HOGAR.

—Eeh... lo siento, ya nos vamos —le dije al hombre en un hilito de voz y dejé la ropa en el suelo arrepentida, cagada patas abajo.

—No, no os vais a ninguna parte, os quedáis aquí que voy a llamar a la policía —empezó a pulsar los números y se puso el móvil en la oreja.

Mientras miré a Martín muy tensa sin saber cómo actuar.

—Mire, lo sentimos, ha sido una tontería. Por favor, si no se lo dice a la policía le juramos que no volveremos a aparecer por aquí —le pidió Martín serio, buscando ser pacífico.

—Nene, me da igual —contestó el rechoncho hombre riéndose, sacándonos la lengua—. ¿Policía municipal? —por fin contestaron la llamada—. Ah, vale, perdone, me he equivocado de número —dijo tras unos segundos.

Vi que Martín a mi lado hizo un gran esfuerzo por no reírse.

—¡Mari, despiértate! —el hombre se apoyó en el marco de su puerta y giró la cabeza dirigiéndose al interior de su casa—. ¡¿Tú te acuerdas cuál era el número de los municipales?! —se metió el dedo dentro del ombligo para rascárselo.

En cuestión de segundos, Martín se agachó a recoger la ropa del suelo, me agarró fuerte de un brazo y nos pusimos a correr. Salimos de la urbanización a toda velocidad. El cabrón de Martín corría como un negro y me costaba mucho intentar seguir su ritmo y no matarme en el intento. ¡Cómo se reía de mí el hijo de puta! Huimos moviéndonos y escondiéndonos por distintas calles, y terminamos volviendo al camino que llevaba a la cuneta donde habíamos dejado la moto.

—Oye, te veo nerviosa, que nadie nos persigue desde hace un rato, eh —me vaciló una vez nos habíamos parado.

Yo estaba hiperventilando, apoyándome en mis rodillas.

—Gilipollas —le di un golpe en la rodilla.

—Cállate, si te lo has pasado bien —me sacudió el pelo y me dio la ropa.

Él se dio media vuelta y yo me escondí detrás de un árbol para probármela por la coña. Las mallas, al ser una prenda ajustable, me entraron con facilidad y no hubo problemas de talla.

Bueno, un poco cortas pero estaba acostumbrada a ello al ser alta. Sí que eran feas, joder. Volví a ponerme las zapatillas que ya casi ni reconocía porque estaban sucisimas y llenas de barro. Para la parte de arriba no me quité nada, me dejé el top debajo y lo único que hice fue ponerme el gran jersey por encima, que tampoco me gustaba porque era muy chillón, pero por lo menos abrigaba bastante, era calentito.

Volví con Martín y se dio la vuelta, me miró de arriba a abajo mordiéndose la lengua.

—Qué guapa, ¿no? —sonó juguetón al reírse de mí.

—Ni una palabra —le dediqué una mirada asesina.

Abrí la maleta de la moto para guardar mis antiguos pantalones y volvimos a casa.

—Deberías haberte visto la cara —recordaba el moreno tirándose a la cama.

—¿Va? —me senté en el borde de la cama para desatarme los zapatos y aproveché para pegarle un puñetazo en el hombro.

—Se te ha ido ya lo coja por lo que veo, ¿no? —me pellizcó a ambos lados de la cintura.

—Mira —le advertí en tono amenazador y me puse de pie en la cama.

—No te piques que con esas mallas estás divina de la muerte —dijo con un tono de voz afeminado.

—No puedo contigo —me irrité y tiré de la almohada en la que se apoyaba la cabeza de Martín.

—¿Qué haces? —preguntó con una irresistible sonrisa viéndome venir.

Empecé a pegarle fuerte con la almohada pero pronto perdí el equilibrio y caí sobre el edredón porque el chico empujó mis piernas.

—¿Con que esas tenemos? —desafié abalanzándome sobre él haciéndole cosquillas.

Me aprisionó con sus brazos y me apretó fuertemente contra su pecho haciendo que me quedara sin aire a la vez que soltaba una risa tonta y escandalosa. En un intento por escaparme de su agarre daba ridículas y pequeñas pataditas. A él se le pegó mi risa y también comenzó a dar incontrolables carcajadas.

—¡Para, que me espachurras! —le pedía retorciéndome.

—Cristina, me encanta tu risa —dijo mordiéndose el labio disimulando la sonrisa tonta que se le había trazado en el rostro.

—Ya me he dado cuenta —le respondí una vez me soltó y recuperaba el aliento.

—Qué pelo más bonito —señaló cuando me había separado algo de él.

—¿Pero qué dices? Si está hecho mierda —reconocí recolocándomelo tras la pequeña lucha que nos habíamos montado.

—Pues parece que me gusta que esté hecho mierda —me lo apartó de la cara y lo pasó tras mi oreja.

Entonces, me tumbé sobre su pecho acariciando levemente sus hombros. Martín posó sus manos en mi espalda y aprovechó para recolocarme haciendo que subiera y doblara una de mis piernas.

—Qué espalda más suave —confesó al recorrerla con los dedos ligeramente dándome un masaje—. Joe, Cristina, me gusta muchísimo —volvió a decir y de la nada me subió la parte de atrás de la prenda hasta casi el cuello dejando mi espalda al descubierto para que así pudiera tocarla mejor.

Pero, extrañamente, me di cuenta de que lo hizo sin ningún tipo de segundas intenciones, porque se le veía muy risueño mientras la acariciaba y el tono de voz que había empleado sonó aniñado y muy mono.

—Se me hace muy adorable cuando sacas tu nene interior —le dije ocultando en su pecho la sonrisa que no podía borrar de mi cara.

—Y a mi la tuya —contestó—. Me encantas, Cristina. Es que me encanta como eres. Eres perfecta para mí. No hay nada que no me guste. Me flipas mucho —se sinceró abrazándome cariñosamente.

—Y tú a mí también —se me escapó—. Para serte sincera te quiero, me he imaginado demasiadas veces un futuro a tu lado, pero eso no significa que vaya a dejar que hagas lo que quieras conmigo, porque sé que merezco alguien que me valore y que lo tenga claro, que se esfuerce por hacerlo bien —me hice valer con mi cara aún escondida en su pecho.

—Lo sé. Este tiempo lo he tomado para centrarme y trabajar en mí, en ser mejor persona. En que si algún día volvía a enamorarme, darle a esa chica la mejor versión de mí y lo que realmente se merece —contó qué había estado haciendo esos diez meses—. Porque estaba claro que tú no querrías volver a saber nada más de mí después de lo mal que te traté —pronunció llamando mi atención—. Me odiaba por cómo era contigo, no sabía pararlo y no dejaba de alejarme porque pensaba que así no seguiría haciéndote daño, y lo peor es que tú seguías ahí aún sabiendo cómo era contigo. Me comporté como un puto niñato y no te merecías ninguna de esa mierda —indicó tirándose un poco del pelo.

—¿Estabas enamorado de mí? —pregunté sin hacerle mucho caso al resto de cosas que había dicho.

—Joder, ¡pues claro que sí! ¡Siempre fuiste tú! —alzó la voz—. Siempre pensé que contigo definitivamente sería más que una relación cualquiera y no quería hacerlo de cualquier manera, tenía miedo de cometer algún error por ser demasiado jóvenes. Me gusta mucho cómo eres, cómo sientes y cómo expresas. ¿Por qué crees que siempre volvía a ti? —preguntó obviando la respuesta.

—No lo sé —murmuré sin querer escuchar lo que estaba diciendo—. Quizás hubiera sido mejor que no lo hubieras hecho, porque esos regresos y sonrisas efímeras no merecían la pena si después dejabas un mar de dudas sin ninguna respuesta, preguntándome qué coño hacía mal o si quizás no era suficiente para ti —le corté diciendo lo que debía.

—Te entiendo, es normal que pienses así, me lo merezco —sonó arrepentido—. Mira, y lo de anoche, estaba muy nervioso y no estaba seguro de lo que estaba haciendo. Tampoco quería que te pensaras que era un calentón o algo así. Quería hacerlo bonito. Porque estoy enamoradísimo de ti. No eras un lío, Cristina. Quería quedarme a tu lado y cuidarte. Hazme caso que estos días juntos han sido los mejores momentos de mi vida —reveló mientras se le rompía la voz.

—Tengo miedo de que vuelvas a alejarte, no quiero perderte nunca —finalmente expresé dejando mi orgullo a un lado, con ganas de echarme a llorar.

—En serio que no, Cristina. Si tú también estuvieses de acuerdo, me molaría que estés en el futuro, porque contigo de verdad que quisiera algo sano y duradero —me levantó la barbilla con un dedo—. Quiero cuidar lo nuestro poco a poco y ya me da igual estar contigo o no como tu novio o algo, pero sí que quiero estar a tu lado —aseguró mostrándome una mirada que reflejaba honestidad.

Me pareció que de verdad tenía la intención de quedarse y de lejos era lo más bonito que alguien había querido hacer por mí nunca. Sabía que con lo que yo estaba pensando en hacer a continuación iba a desatar un gran desastre, pero hay veces que nuestros sentimientos pueden ganar a nuestra razón.

—Yo creo que mi hogar es aquí —posé un tierno beso en sus labios—. Es donde mejor he estado nunca —le sonreí con mis ojos completamente cristalizados.

—Y yo, y hazme caso que no pienso volver a irme nunca y voy a demostrártelo. Contigo sí que quiero que me salgan las cosas bien. Sé que ahora mismo te costará creerlo, pero voy a ganarme tu confianza cada día —prometió abrazándome entre lágrimas, y él nunca lloraba.

—¡Martín! —nos despertó el viernes una voz femenina abriendo la puerta del piso.

CAPÍTULO 14: VALERIA

—¿Es una de las otras? —le susurré a Martín con una mirada fulminante.

—No, payasa, es mi hermana —indicó el moreno empujándome—. ¡Escóndete! —ordenó metiéndome en el armario.

Antes de que pudiera quejarme ya había deslizado la puerta y yo había caído en un mullido montón de ropa. Parecía que era alérgico a doblarla o que le costaba mucho ponerles una puta percha.

—Hola, Valeria —oí al chico saludando—. ¿Qué haces aquí? —preguntó sin rodeos.

—¿No puedo ver cómo está mi hermanito? Además, te recuerdo que esto sigue siendo mío —se rió dándole dos besos.

A través de una delgada rendija pude reconocer a la esbelta chica. Creía recordar que era de mi misma altura, quizás algo más baja. Presumía de curvas increíbles. Tenía unos veinticinco años. Era bastante atractiva, se parecía bastante a Martín ya que compartían el mismo tono de piel y color de ojos. Su cabello era rubio de bote y lo llevaba recogido con una pinza de pelo. También llevaba unas gafas negras y redondeadas que le daban un aspecto muy interesante.

—Bueno, Martina, te has enterado, ¿no? —consultó la rubia.

—¿De qué? —se extrañó su hermano levantando levemente su labio superior.

—Ofú, nene, es que yo no sé ni para que tienes móvil, todo el día en el gimnasio con tus pesitas o con el puto triciclo —se quejó Valeria—. Bueno, ¿sabes que la loca esa que nunca te dejaba en paz está desaparecida? Hay publicaciones con su foto por todos lados, hace una semana casi que sus padres no saben nada de ella —explicó.

Mierda. El color de mi cara se desvaneció.

—¿Martín? —salí del armario enfadada.

—¡La Vín, si es que yo no busco chisme, el chisme me encuentra! —chilló entusiasmada al verme, frotándose las manos.

—¿Por qué tu hermana acaba de llamarme así? —me dirigí al moreno entrecerrando algo los ojos.

—¡Cucha la ruinera! —dijo con desprecio la hermana—. Ojito conmigo que me quito los aros y te arrastro de los pelos por haberle hecho sufrir a mi chiquitajo —me amenazó, aunque sabía que no me iba a hacer nada.

—¡¿Que yo qué?! —me sorprendí por lo que acababa de decir señalándome el pecho y esperando que Martín me diese algún tipo de explicación.

—Cristina, yo nunca le he contado nada malo de ti a nadie, Valeria ha dicho eso porque tiene el complejo de hermana mayor sobreprotectora —expuso tensando la mandíbula—. Pero es que eso no es lo que importa, ¿no se suponía que llamaste a tus padres diciéndoles que estabas bien? —su semblante se volvió muy serio.

—Oh, oh, discusión de pareja —se burló la chica de gafas—. Bueno, voy a por palomitas —se marchó no sin antes fulminarme con la mirada.

Yo tragué saliva sin poder articular palabra y mi vista se fijó en el suelo mientras que Martín revisaba el registro de llamadas y se percató de que nunca llegué a hacer lo que me pidió. En el momento que vi cómo se le inflaba la vena del cuello me di cuenta de cuánto la había cagado.

—¿No pudiste hacerme caso en la parte que dije que eres menor y me podías meter en un lío gordo? —me regañó resoplando, parecía que se contenía para no gritarme.

—¿Qué haces? —pregunté alarmada viendo como tecleaba algo en la pantalla.

—Lo que debería haber hecho desde un principio —hizo una pausa—. Llamar a tus padres —se colocó el móvil en la oreja.

—No, no, no... ¡Habías dicho que te quedarías conmigo, no puedes hacerme esto! —le supliqué abalanzándome sobre él intentando arrebatarle el teléfono, llorando a mares.

—Y yo te pedí una única cosa y llevas mintiéndome todo este tiempo —con su otro brazo me acorraló contra la pared dejándome inmóvil y no tuve fuerza para impedírselo.

Mis padres cogieron la llamada y Martín se disculpó explicando todo lo sucedido, también les contó dónde estábamos.

—¡¿Cómo has podido?! —resbalé mi espalda por la pared cuando dejó de hacer fuerza, sentándome en el suelo y llorando descontroladamente.

Y pensar todo lo que habíamos hablado la noche anterior, las miles de mariposas que había sentido revolotear en mi estómago al besarle, lo cómoda que me estaba sintiendo a su lado, lo mucho que nos habíamos divertido, todas esas caricias, miradas... Cuando creía que por fin era feliz, todo se había vuelto a ir a la mierda.

—Es lo mejor —se agachó y pasó su pulgar por mi mejilla para secar mis lágrimas.

—¡Me tienes hasta el coño con esa puta frase, solo has hecho lo que te convenía para sacarte de problemas! —lo aparté de un manotazo.

—Lo he hecho porque te quiero, Cristina —se levantó tras un suspiro pronunciando esas palabras que nunca había escuchado salir de su boca.

—No es verdad, no vuelvas a decirlo —negué entre sollozos, jurando en mi interior que por cómo me miraba la noche anterior había llegado a creérmelo—. Déjame en paz, por favor —le pedí y él salió de la habitación.

Me sentía demasiado ridícula por haberme pillado otra vez de Martín. Había intentado disimularlo, que se me pasara... porque sabía que estaba fatal, pero en el fondo era innegable que sintiese algo por él. Esas caricias o detalles conmigo me gustaban y me hacían sentir muy cómoda pero a la vez me rayaban muchísimo porque odiaba que me hiciese sentir especial cuando realmente no lo era, porque el chico siempre se comportó de la misma manera con todas. Odiaba mirarle sin que se diese cuenta, porque me ponía a pensar en cuánto me gustaban pequeños detalles tontos de su cuerpo. Al mismo tiempo me deprimía porque recordaba que él nunca llegaría a quererme como yo lo hacía. Siempre odié escuchar cómo le gustaban otras, odiaba hacer como que no me encantaban sus ojos o su sonrisa.

Una hora después, Valeria entró tras tocar la puerta y se sentó a mi lado, pero esta vez con una actitud mucho más calmada y risueña.

—Te he guardado unas pocas palomitas, amor —me tendió el cuenco con un dulce tono de voz—. Tienen queso —insistió para que comiera.

—Gracias —le di una pequeña sonrisa antes de meterme un puñado en la boca.

—Perdón por cómo te he saltado antes —se disculpó—. En realidad me alegra volver a verte, ¿te acuerdas de cuando en las cenas de nuestros padres yo hacía de tu niñera? —recordó quitándome el pelo de la cara.

—Sí, una vez te eché una mosca en el puré y tú te la comiste —me reí.

—Es que estabas apollardá desde pequeña —hizo lo mismo y me tendió un beso en la mejilla—. A tus padres les falta poco para llegar, ¿quieres que te ayude a coger tus cosas? Aunque no creo que sean muchas después de lo que Martín me ha contado —me ofreció su ayuda.

—Vale —la acepté—. ¿Y él dónde está? —no pude evitar interesarme.

—Ha salido con la moto para despejarse, lo necesitaba —reveló la chica.

Al poco tiempo mis padres aparecieron llamando el timbre.

CAPÍTULO 15: PAPÁ Y MAMÁ.

—¿Les echas de menos? —me preguntó Valeria acariciando mis hombros, después de que le hubiese dado al botoncito del portero de la entradita para abrir la puerta de abajo.

En ese momento comencé a dudar, no había pensado en mis padres durante esos días y una parte de mí se sentía egoísta por ello. ¿Era una mala persona por pensar que había estado mejor sin ellos?

—No lo sé —dije en un hilito de voz tragando saliva.

Sabía que mis padres estarían ya subiendo por el ascensor y cada segundo que pasaba sentía como mis nervios iban en aumento y se me formaba un gran nudo en la garganta. ¿Cómo reaccionarían ellos al verme? Seguro que después del follón que había armado me reprocharían todo y me meterían en un internado súper estricto o en un convento. Aunque, total, después de todo mi vida no podía empeorar más, ¿no?

—Ellos a ti un montón —la hermana de Martín me dio unas palmaditas antes de abrir la puerta del piso.

Al otro lado pude ver a mi madre cogiendo a mi padre del brazo y en el mismo instante me quedé inmóvil, mirándolos sin saber qué hacer. Esperaba encontrar los rostros enfadados de mis padres, sobretodo a mi madre rabiando de furia, pero en su lugar me percaté de que las personas que me habían dado la vida se mostraban con lágrimas en los ojos.

—Cristina, amor mío, no sabes lo que me alegra que estés sana y salva —mi madre se lanzó a abrazarme con fuerza y desesperación.

Ella era algo corpulenta y tenía su pelo castaño claro repleto de tirabuzones recogido en un moño alto y despeinado.

—Gracias a Dios que estás bien, criaturita. Nos estábamos imaginando lo peor, no te imaginas lo preocupados que estábamos —mi padre hizo lo mismo besando toda mi cara.

Él tenía un aspecto estirado, yo había heredado su color de pelo y el tono pálido de su piel. Algo que le caracterizaba era el bigote.

Entonces fue cuando me di cuenta de que al igual que ellos habían sido duros conmigo, yo también lo había sido con ellos, y que los había necesitado tanto como ellos a mí.

—Adiós, primorosa —se despidió Valeria apretando mis mofletes—. ¿Quieres que le diga algo a Martín de tu parte? —ofreció.

Meneé mi cabeza a los lados y besé su mejilla para decir adiós a la chica. Me fui sin despedirme del chico al que quería.

—No hemos parado este tiempo de culparnos y sabemos que quizá no hemos hecho las cosas bien contigo —se disculpó mi padre una vez estábamos en el coche, observándome a través del reflejo del retrovisor.

Quizás sería mejor no contarle a nadie lo ridícula que había sido por creer que había matado a alguien, me ahorraría la vergüenza.

—Es verdad que tuvimos una discusión justo antes, pero solo quería que entendieras que es muy serio el tema de que tengas estudios. Quizás te estábamos presionando para estudiar eso pero lo importante es que tú seas feliz —reconoció mi madre.

—Claro, puede ser muy frustrante que con diecisiete años tengas que decidir a qué te dedicarás el resto de tu vida, ¿no? —le apoyó mi padre.

—Quiero dejar Bachillerato —fue lo único que pronuncié en el viaje a casa.

Mis padres se miraron mutuamente en silencio abriendo los ojos más de la cuenta.

—Está bien, hija. No te pondremos trabas. Tú tienes que elegir lo que te guste —entendió mi madre a su pesar.

Que se mostrasen compresivos me hizo sentirme mejor pero aún así habían pasado tantas cosas en tan poco tiempo que me costaba asimilarlo todo. La idea de seguir quedándome en el piso de Martín sin haber dado señales de vida a mis padres había sido una decisión impulsiva y no pensé en las consecuencias que tendría a largo plazo. Esa inestable fantasía claramente no iba a durar para siempre. ¿Por qué se portaban bien conmigo después de lo mal que les había hecho pasar? Incluso llegué a robarles dinero... ¿se habrían enterado de eso también?

—Creas o no, tu madre y yo todo lo que hacemos es con amor y porque creemos que es lo mejor para ti —repitió esas palabras que se habían quedado grabadas en mi mente—. Aunque aún estamos aprendiendo a ser buenos padres —confesó mi padre.

Al llegar a casa se me hizo muy raro volver a ver la fachada, el salón, el comedor... Era una sensación muy extraña, era como si estuviera en un lugar familiar pero que a la vez se sentía diferente, como si hubiera cambiado mientras estuve fuera.

Después de comer sin muchas ganas, subí las escaleras y me encerré en mi cuarto. Mis padres sabían que no me encontraba bien y querían ayudarme, pero aún así respetaron mi espacio y no interrumpieron.

Apenas reconocía mi propia habitación. La cama estaba pegada a la pared frente a la puerta, era bastante mullida y repleta de cojines y peluches. A un lado estaba el armario y al otro el escritorio bajo la ventana que raramente había usado. Había algunos cuadros de cuando era pequeña. Joder, cuánto había cambiado. Y pensar todo lo que había sufrido después esa niña. Ojalá pudiera haber ido atrás en el tiempo y haber impedido ciertas cosas o tomado mejores decisiones.

Me sentía demasiado mal y llena de remordimiento. Me pasé toda la tarde sentada en la cama, con los ojos fijos en la pared, pero mi mente estaba mucho más lejos. Revivía como una película todos los momentos de la última semana, como si quisiera una y otra vez intentar acordarme de todos y cada uno de los más mínimos detalles para así nunca olvidarlos, pero parecía que lo único que conseguía era tergiversar cada vez más mis propios recuerdos. Intentar recordar con tanta desesperación me hacía distorsionar lo que realmente había pasado, hasta llegar un punto en el que no sabía qué era real y qué no.

Unas horas más tarde escuché unos pasos en las escaleras que llegaron hasta al otro lado de la puerta cerrada de mi habitación. Era Sergio, había venido a verme, me contó que había estado muy preocupado por mí y que la culpa lo mataba. Mi amigo y yo nunca fuimos de abrirnos entre nosotros en cuanto a sentimientos, por eso cuando me di cuenta de que él extrañaba mi amistad tanto como yo la suya, quité el pestillo y me lancé a sus brazos.

No pude evitar pensar que yo había estado siendo muy hipócrita porque durante diez meses había estado culpando a Martín por haberse alejado de mí, pero al final yo había hecho lo mismo con mi mejor amigo y mi familia. No soportaba haber hecho daño a las personas que quería. Había hecho lo que siempre critiqué y lo que me prometí que nunca haría. Y ahí fue cuando me di cuenta del asco de persona en la que me había convertido y lo egoísta y egocéntrica que había sido.

CAPÍTULO 16: EL COCHE.

—Yo también te he echado de menos, Cristina —declaró recolocándose su pelo rubio después de que yo se lo hubiera despeinado.

—Me odias, ¿verdad? —solté una carcajada luego de secarme un ojo.

—No, tonta —me separó—. Pero no vuelvas a darme sustos como estos que me da algo —insistió suplicándome con sus ojos marrones.

Yo le saqué la lengua y él me dio un mordisco en la oreja. Le pegué un puñetazo en el pecho para apartarlo.

—Oye, ¿y quién te ha dicho que había vuelto? —indagué.

—Tu prima —refirió como si nada.

—¿Qué? —dije en un refunfuño algo incrédula.

Si mis padres le habían dicho a Lucía que me habían encontrado, ¿por qué había avisado a Sergio en vez de venir ella? Aunque en verdad tampoco tenía ganas de verla.

—Bueno, ¿quieres que te dé una vuelta en coche? —cambió de tema mi amigo.

—¿Cómo? ¿Ya te lo han comprado? —me sorprendí viendo sus llaves.

—Sí —dijo mordiéndose el labio con ilusión—. Quiero que lo veas, venga —me agarró de la muñeca corriendo escaleras abajo.

Sergio ya tenía los dieciocho y había estado bastante tiempo preparándose el carnet. Era un coche coupé de último modelo chulísimo, de color blanco. Tenía un diseño elegante y moderno, con una carrocería aerodinámica y una pintura brillante. Lo había aparcado en la puerta de mi casa y justo cuando acabábamos de bajar habíamos pillado a un par de jóvenes haciéndose una foto junto al vehículo.

—Majare cómo se notan los billetes —alabé boquiabierta pasando un dedo por el capó.

—No sabes qué ganas tenía de llevarte —sonrió abriéndome la puerta del copiloto.

Entré rápido y al sentarme noté al instante que los asientos de cuero eran muy cómodos y suaves, además que el coche tenía un sistema de entretenimiento avanzado con pantallas táctiles y altavoces de alta calidad.

Arrancó y condujo hacia una carretera solitaria. Ya había anochecido, nos iluminábamos por el reflejo de las pantallas del coche, la tenue iluminación de los faros y el brillo de la luna en el cielo entre la oscuridad de la noche. Sergio puso su *playlist* a todo volumen y no tardamos en venirnos arriba cantando esas canciones a todo pulmón. Era música muy variada, desde reguetón antiguo o incluso trap hasta canciones de desamor. La oscuridad y el silencio que rodeaban la carretera hacían que la música fuese aún más emocionante. Sentía una sensación de libertad y alegría increíble. Mi amigo tenía una sonrisa incrustada en su rostro.

—¿Qué pasa? —pregunté a Sergio abriendo la ventanilla acalorada de tanto moverme.

—Me pone muy contento verte pasándotelo bien —se rió mirándome de reojo.

Cuando ya me estaba llevando a casa, caí en algo que me dio mucha pena.

—Sergio —le llamé sabiendo que no le gustaría lo que le iba a decir.

—Dime —dijo tranquilo con sus manos apoyadas en el volante.

—No te voy a seguir viendo en el instituto —revelé y él pegó un frenazo deteniendo el coche.

—¿Qué? ¿Por qué? —se giró hacia mí confundido.

—Antes me sentía mal en muchos aspectos y si no quiero volver al mismo punto necesito cambiar ciertas cosas —aclaré—. No me sentía nada bien en clase ni me gustaba lo que nos enseñaban —le expliqué.

—¿Y por qué nunca me lo dijiste? ¿Y vas a dejar Bachillerato estando a pocos meses de Selectividad? —reclamó.

—Porque la única razón por la que de vez en cuando iba era porque tenía ganas de verte —me sinceré—. Y sé que si quisiera podría aplicarme y terminarlo, pero no tiene sentido si al final no es lo que me gusta y me forzara a tener un trabajo en el que sea infeliz —expuse.

Tampoco quería ser un incordio en casa por lo que buscaría algún trabajo mientras pensaba qué estudiar el curso siguiente.

—Vale... —entendió algo cabizbajo—. Pero... seguiremos siendo amigos y quedando y eso, ¿no? —se inquietó.

—Pues claro, Sergio. No va a cambiar nada entre nosotros, solo que ahora no nos veremos en clase —le abracé y él me correspondió.

—¡Ostia, casi se me olvida! —chilló buscando algo en los bolsillos de sus vaqueros.

—¿El qué? —dudé observándole con diversión.

—Me tocó esto y me lo guardé para dártelo si volvías —me tendió algo en la mano.

Era un llavero con el logo de Doritos, tenía toda la pinta de que le había venido de regalo en una bolsa.

—Eres tontisimo, ¿lo sabes? —empecé a descojonarme.

—Es una puta tontería pero me recordó a ti y quería dártelo —se excusó riéndose.

—Me encanta —reconocí lo mucho que me había gustado el detalle.

Después de seguir nuestro camino, el rubio detuvo el coche frente a mi casa para despedirse de mí. De pronto nos interrumpió el sonido de mi puerta abriéndose.

—Sergio, ¿te quieres quedar a cenar? —apareció mi padre asomándose apoyado en el marco de la puerta.

Mi amigo posó su antebrazo en la ventanilla antes de girarse para mirarme unos segundos y luego sonrió volviéndose hacia mi padre.

—Vale, ¿qué hay? —aceptó y se interesó por la comida.

Nos sentamos en la mesa y agradecí demasiado la deliciosa lasaña que habían preparado a mis padres la cual no tardé en engullir.

—¿Os gusta? —indagó mi madre.

—Mucho —comunicó Sergio con la boca llena y yo simplemente asentí.

—Bueno, Cristina, ¿y por qué cuándo te escapaste pensaste en fugarte con tu novio? —preguntó mi madre sin venir a cuento.

—¿Tienes novio? —se extrañó Sergio.

—Amor —le regañó mi padre entre dientes por el comentario.

—¿Qué? Sólo quería saber... —levantó las manos en alto la mujer.

—Mamá, lo de irme con él fue casualidad y Martín no es mi novio ni nunca lo ha sido —le corté sin querer oír más del tema.

—¿Quién cojones es Martín? —susurró mi amigo.

—Para mí no es nadie —espeté enfadada y me levanté de la mesa.

¿De verdad era necesario que me recordaran la existencia de ese ser? Me subí a mi cuarto y me tiré a la cama abrazando uno de los peluches. Sergio vino detrás de mí y se sentó en la silla de mi escritorio.

—Cristina, ¿qué ha pasado? ¿De quién hablaba tu madre? ¿Te ha hecho daño? —se preocupó.

—Sí. Pero no quiero hablar, Sergio —establecí.

—De acuerdo. Pero sabes que puedes contar conmigo para lo que sea, ¿verdad? —insistió.

—Gracias, Sergio, en serio. Pero no es necesario —le agradecí dando por finalizada la conversación.

Siempre había podido sola y lo seguiría haciendo.

CAPÍTULO 17: EL CHERRY.

Al día siguiente, el sábado, Sergio me recogió para llevarnos a un pub poco conocido. La decoración retro y letreros neón en tonos rojizos daban el nombre al establecimiento: Cherry. La música también iba a juego con la ambientación del establecimiento. Al entrar lo primero que me llamó la atención fue la barra repleta de taburetes y más tarde me fijé en la mesa de billar, el futbolín y las dianas. Había muchos sillones y mesas para reunirse y comer.

Nos pedimos un par de riquísimas hamburguesas acompañadas de cerveza mientras nos seguíamos poniendo al día sobre lo ocurrido en esa semana que había estado desaparecida. Tiempo después se escuchó el tintineo de la campanilla de la puerta dando paso a dos chicos que reconocí al instante. Era Pablo junto al DJ de la fiesta. Sí, esa fiesta que empezó todo.

Él no me vio porque se dirigió rápidamente a una mesa bastante alejada de la nuestra en la que estaban sentados los que supuse que eran sus amigos. Entonces, a pesar de que antes de "mi aventura" nunca se me hubiera pasado por la cabeza ser amable con alguien que no fuese Sergio, me levanté casi sin pensarlo y me acerqué a saludarle. A mi amigo le extrañó mi acción pero al mismo tiempo se sintió orgulloso por mi cambio de actitud.

—Hola, Pablo, ¿te acuerdas de mí? —manifesté cuando estuve cerca de su mesa.

En ella estaban sentados los dos chicos que mencioné antes, el ex de Lucía, la que supuse que era la dueña de la casa en la que se hizo la fiesta, un castaño bastante atractivo, una rubia y un chico con gafas.

—Ey, tú eras la prima de Lucía, ¿no? —volvió sus ojos azules hacia mí—. ¿Ya has vuelto? Vi que te estaban buscando —se interesó.

—Sí, soy esa, sí —asentí no con mucha ilusión—. Y ya estoy aquí, sí —suspiré apartándome el pelo algo avergonzada.

Quería que se pasara ya lo de ser el centro de atención o el tema del que todo el mundo hablaba, no me gustaba nada.

—¿Quieres sentarte con nosotros? —ofreció de repente el chico de gafas.

—Ehh... No, gracias. Ya estoy con un amigo, solo venía a saludar... —señalé a mi mesa con una sonrisa intentando no sonar maleducada.

Estaban siendo muy majos conmigo y la verdad es que se lo agradecía pero no podía volverme tan sociable tan repentinamente. Sentía que todos me estaban mirando y aunque lo hacían con una sonrisa, me daba cosa.

—Bueno, nosotros vamos a cenar. Luego si quieres hablamos, ¿vale? —comunicó Pablo.

—Vale —accedí y me volví con Sergio.

—Qué maja de repente, ¿no? ¿Vas a vengarte de tu prima? —bromeó él.

—Cállate y no me hagas hablar —le amenacé antes de terminar mi hamburguesa.

La verdad es que no tenía ningún tipo de interés en Pablo, simplemente me había caído bien porque hacía una semana había sido capaz de notar que algo me ocurría aún sin conocerme. Quizás sonase como algo estúpido pero me había parecido un buen chico.

Después de unas cuantas cervezas, el jugador de baloncesto se sentó con nosotros. No pudo evitar preguntarme por qué me fui, dónde había estado, con quién... Y yo claramente no le dije que era tan retrasada que pensé ser una asesina ni que le mentí a mi ex. Ni siquiera era mi ex. Omitiendo muchos detalles le conté que tenía algunos problemas y que me fui a la casa de un antiguo conocido. Sergio también escuchaba todo porque hasta el momento no había querido sacar el tema más de la cuenta.

Asimismo, mencioné que quería encontrar un trabajo y Pablo cayó en que uno de sus amigos era el hijo del dueño del pub en el que estábamos, por lo que intentaría hablar con él para que me enchufaran como camarera.

Le pregunté al pelinegro por su amigo Dani (ex de mi prima) y me contó que había encontrado a una muy buena chica y que los dos estaban muy felices e ilusionados. Al oír eso me alegré al instante. La conversación terminó desviándose y acabamos hablando sobre el amor. El chico habló sobre algunas de sus relaciones pasadas. Sergio no pudo aportar mucho porque su única experiencia había sido comerle los morros a Lucía y tampoco era muy buena idea soltarlo delante de Pablo. Y yo... No dije su nombre, pero terminé hablando de Martín.

—Me siento muy desgastada en lo que respecta al amor. Me hicieron daño demasiadas veces y me cerré porque tenía miedo a que volvieran a hacerlo. Hace poco me mostré distante e hice lo que se suponía que tenía que hacer pero me sentí mal por poner esos límites y no pude hacerlo más. Terminé dándole otra oportunidad a eso de confiar y me ilusioné, pero... volvieron a fallarme —hablé sin llegar a especificar en nada—. Entonces yo que sé, no sé si llegar a la conclusión de que siempre tengo que dejar que me hagan daño sin importar qué, porque yo no soporto hacer sentir mal a las personas que me importan y no me sale ser de otra manera —comenté cabizbaja.

—Joder... Mira, Cristina, todo el mundo te va a hacer daño. Es algo que tengo siempre presente —comenzó a decir Pablo tras escucharme—. Yo en algún momento he hecho y haré daño a alguien, eso es inevitable. Porque somos personas y cometemos errores —reconoció—. Así que mi consejo: Ve siempre a por todas e ignora eso de que te harán daño, solo disfruta y ya —recomendó sobando mi hombro.

—Te ha quedado bonito y todo —agradecí sus palabras.

—Lo sé —se echó flores—. Ale, pues yo ya me voy. Si queréis os doy mi Instagram y nos vemos otro día —Pablo se levantó sacando su móvil del bolsillo.

Sergio con el suyo buscó la cuenta y le dio a seguir.

—Yo no tengo móvil, pero en cuanto consiga uno te buscaré —le sonreí y se fue.

Luego de un rato, Sergio y yo también salimos del local.

—Cristina —me detuvo antes de entrar al coche, sosteniendo mi brazo.

123

—¿Qué pasa? —le pregunté.

—Pienso que tienes unos sentimientos preciosos por el amor y por querer a alguien. Supongo que vas a estar dolida un tiempo, es normal. No quiero que te sientas sola o desanimada y a lo que voy, no dejes de hacer lo que haces, ni dejes de comer o algo así chungo por tristeza —se preocupó Sergio.

—Gracias —le regalé una sonrisa triste y abrí la puerta del vehículo.

CAPÍTULO 18: EL BOLSO.

El domingo por la mañana me despertó el irritante sonido del timbre. No le di más importancia y todavía con sueño volví a cerrar los ojos para dormirme porque supuse que alguno de mis padres abrirían. Pero el puto timbre volvió a sonar. Lo ignoré y metí la cabeza debajo de la almohada. Y sonó una vez más poniéndome de los nervios.

—Mamá, ¡abre, coño! —grité bajo la almohada.

Al no oír ninguna respuesta caí en que mis padres no se encontraban en casa puesto que estaban trabajando, nada raro. El molesto ruido se oyó de nuevo y me levanté algo harta. Bajé a abrir y no me hizo demasiada gracia ver quién se escondía tras la puerta.

—Hola, primita —saludó Lucía.

Le puse cara de pocos amigos y le pegué un portazo en la cara sin decir nada. Volvió a pulsar el timbre.

—Cristina, tengo tu móvil —vociferó a través de la puerta.

La abrí y me fijé en que en su mano sostenía el bolso que había perdido en algún momento de la fiesta.

—Vete —le ordené seria después de arrebatárselo.

Iba a cerrar bruscamente cuando mi prima me detuvo interponiendo su pie.

—Nena, que quiero hablar, contra —chilló y dijo eso como si no hubiera tenido el valor hacerlo antes.

Resoplé y no muy convencida la dejé pasar. Mientras íbamos a sentarnos en el salón, abrí mi bolso. Ahí estaban mis llaves, mi móvil… y sorprendentemente todo el dinero. No echaba en falta nada y era un alivio haber recuperado mis cosas. El móvil estaba apagado y lo puse a cargar cerca del sofá.

—¿De dónde lo has sacado? —dudé porque nunca llegué a saber en qué momento lo perdí.

—Ehh… Dejaste el bolso en el suelo cuando te pusiste a bailar restregándole el culo al motero ese, ¿no te acuerdas? —mencionó como si fuese obvio.

—¡¿Cómo?! —mis ojos se abrieron como platos y me puse roja al instante.

—Sí, tía. Yo me quedé flipando cuando te vi y despúes te perdí el rastro —aguantó una carcajada—. Cogí el bolso antes de que te lo robaran o algo —explicó lo sucedido, recolocándose el pelo.

Entonces fue cuando confirmé mi teoría de que había bebido tanto que había hecho tonterías de las que ni me acordaba. Y pensándolo más, ahora cobraba más sentido que Martín hubiera ido detrás de mí al verme irme corriendo de la fiesta y por qué había insinuado que estaba intentando ligar con él.

—Bueno, ¿y qué querías? —le pregunté a Lucía aún muerta de vergüenza.

—A ver, es que... Después de lo que me dijiste en la fiesta, al principio pensé que se te había ido la olla —se miró las uñas—, pero más tarde unos chicos empezaron a señalarme y gritarle a Dani cosas y... caí en cuenta de que tenías razón —admitió.

—Eso ya lo sé yo —alardeé—. ¿Pero en qué exactamente? —quise saber.

—Me puse a darle vueltas y aunque es verdad que tenga esa facilidad para encontrar chicos, no significa que sea feliz. Siempre he tenido la sensación de que nadie nunca va a ser capaz de quererme por cómo soy en realidad sino por mi cuerpo, no creo que nadie pueda llegar a aguantarme más de lo que dure una noche —reveló sorprendiéndome por su sinceridad.

—Lo siento —me dio pena pensar que quizás me había pasado con ella.

—Algo en mi cabeza no quería creer que alguien realmente me quisiese. Me la habían jugado antes y era muy desconfiada, por eso aunque Dani no hizo nada mal conmigo pensaba que el chico iba a ser como los demás y me iba a acabar usando y dejándome tirada. Fui una subnormal que jodió todo solo por pensar de más —quiso razonar entre sollozos—. No tenía ningún tipo de sentido y me equivoqué al pensar que, de alguna manera, que me hubieran hecho daño antes me daba el derecho de hacerlo con otros para "protegerme"—buscó darle explicación a lo que hizo.

—¿Y qué me quieres decir con esto? —soné borde porque aunque en cierto modo la entendía aún desconfiaba de ella.

—Me gustaría hablarle, aclararle el por qué hice lo que hice, pedirle perdón aunque ya sea tarde... Porque destrocé al chico que estuvo a mi lado en uno de mis peores momentos y me sabe fatal —refirió el divorcio de mis tíos.

—Pues guardatelo para ti y no vuelvas para confundir las cosas ahora. Deja que sea feliz, que él está mejor que nunca y con una chica que le quiere y le valora —no pude evitar decir.

—Ah, ¿sí? —murmuró con los ojos llorosos—. Bueno, es lo mejor, se lo merecía. Espero que ella sí sepa quererle bien —sonrió de manera muy triste—. Supongo que esto me servirá para aprender de mis errores e intentar hacer las cosas diferentes en un futuro —se airó los ojos para evitar llorar.

—Pues sí... —estuve de acuerdo con sus palabras, pero mi tono de voz sonó triste.

—Prima, siento cómo te he tratado. Perdón por ser así cuando nunca me has hecho nada. A veces puedo ser muy irritante. No vine antes porque no había tenido el valor para hacerlo —se lanzó a darme un fuerte abrazo que me pilló desprevenida.

—Da igual, Lucía. Todos nos equivocamos, lo importante es reconocerlo —acaricié su pelo negro.

—Gracias —pronunció cuando se apartó—. Ah, y oye, ¿me puedes hacer el *eyeliner*? —pidió riendo.

—¿En serio? —enarqué una ceja, divertida.

—Porfa, prima, que tengo ahora una comida —puso ojos de corderito y no pude negarme.

Había cosas que nunca iban a cambiar, pero al mismo tiempo esos defectos eran los que hacían mi vida un poco más humana.

—Relaja los párpados —le dije para poder maquillarla.

Lucía se veía pensativa y me preguntaba qué era lo que se le estaba pasando por la cabeza.

—Sigo rayada, nena —reconoció soltando una risa.

—Tonta, pero que no te muevas —le agarré con más fuerza de la cara, ignorando lo que había dicho.

—Sé que no puedo cambiar lo que pasó pero tampoco quiero que mis malas decisiones me definan o no sé —seguía dándole vueltas.

—Las malas decisiones no te definen. Esas decisiones hacen que ahora seas cómo eres. Entonces no son tan malas, porque gracias a ellas te has podido dar cuenta de cosas y ser la persona que eres hoy —le respondí terminando su delineado.

Al aconsejar a otra persona fue cuando pensé que podría haberme aplicado eso mismo a mí en lugar de haberme estado culpando por mi pasado, que era el consejo que hubiera necesitado escuchar.

CAPÍTULO 19: LOS MENSAJES.

En cuanto se fue Lucía encendí el móvil y pronto se empezaron a escuchar cientos de notificaciones y mensajes. Incluso el teléfono se estaba sobrecalentando. Cuando el dispositivo dejó de vibrar descontroladamente como si de un *satisfayer* se tratase, finalmente lo desbloqueé y tenía un montón de llamadas perdidas de mis padres, de Sergio e incluso de mi prima.

Abrí WhatsApp decidida a ver los mensajes y me sentí demasiado culpable con lo que me encontré.

Las conversaciones con mi padre y mi madre eran lo que esperaba, al principio muchos audios gritándome enfadados para saber dónde estaba (que decidí no terminar de escuchar) pero luego eran mensajes pidiéndome apenados que por favor volviera.

Sergio el seis de febrero me había escrito mil veces preguntándome dónde me había ido, que él ya se iba. Según iba bajando en la conversación leí cómo conforme el paso de los días sus mensajes mostraban una profunda preocupación y textos largos pidiéndome perdón. Incluso en algunos mensajes me daba por muerta y se despedía de mí, me daba las gracias por haber estado a su lado... Después vi cómo utilizaba mi chat para escribirme a diario y contarme su día. El mensaje que sin duda me encogió el corazón decía así:

"Sé que es estúpido y a lo mejor ni siquiera tiene sentido, pero todas las noches te imagino antes de dormir y deseo con todas mis fuerzas que estés bien. Me parece muy deprimente que le esté escribiendo a un chat vacío como si fueses tú porque ya no estás. Odio estar en clase y que se me humedezcan los ojos porque te pienso y sé que eso no es más que un recuerdo. Te echo muchísimo de menos, joder."

No sabía que era tan importante para él ni que mi ausencia le hubiera afectado tanto, leía esas palabras con los ojos inundados intentando controlar mis sollozos al pensar lo mal que había podido estar mi amigo.

Bajo el nombre de Lucía aparecía una única notificación y era un audio, exactamente de la noche de la fiesta. Lo escuché y por su voz temblorosa se podía notar que estaba bebida pero también muy deprimida:

"Cristina, pero ¿estás bien? Que es que no sé dónde estás, que el móvil te has dejado aquí... Joder, te quiero mucho... y espero que no te haya pasado nada malo. Te quiero..."

Joder. No podía detener el llanto.

Me dolía la cabeza de tanto llorar, me tomé una pastilla y me metí en la ducha para intentar que se me pasara. Abrí el armario para vestirme. En verdad, este tiempo atrás había echado de menos mi ropa y también no tener que ponerme las bragas de la hermana de nadie. Y ahí, en el montón de los pantalones, vi dobladas las mallas con ese estampado tan peculiar.

¿Por qué aunque ahora que sabía que tenía gente que se preocupaba por mí, me seguía acordando de él? Fui a por el móvil de nuevo y me metí en los chats archivados, dónde el contacto de Martín se mostraba en la pantalla. Aunque siguiese habiendo un corazón al lado de su nombre, hacía unos cinco meses que había borrado toda la conversación con él y también todas las fotos juntos.

Muchos dirán ¿para qué guardar recuerdos de alguien que odias? El problema era que al chico de los mensajes no lo odiaba. Borrarlos fue algo que me costó mucho, esos mensajes destacados y palabras bonitas habían sido lo único que me quedaba de él y por eso me había negado a deshacerme de ellos durante tanto tiempo. Pero era lo mejor, ¿para qué quería pensar en algo que ya había acabado?

Fue que me decidí un día de agosto en el que me sentí demasiado estúpida por haberme quedado esperando un "feliz cumpleaños" de su parte que nunca llegó. ¿Y qué coño esperaba? Habían pasado meses que nos habíamos peleado y que no hablábamos, ¿por qué coño se acordaría de felicitarme?

Sacudí la cabeza para evadirme de mis pensamientos y también tiré el móvil sobre la cama. Agradecí que esos mensajes y fotos no estuvieran ahí, porque conociéndome me hubiera puesto a verlos durante horas para machacarme aún más. Quizás solo estaba algo melancólica porque al día siguiente era catorce de febrero, el día de San Valentín.

Ese día también sería mi día de prueba en el Cherry. Si lo hacía bien y no había ningún inconveniente, me contratarían hasta que acabara el verano. Estaba algo nerviosa pero Pablo me tranquilizó diciendo que el puesto seguramente sería mío.

—Hola, tú eres Cristina, ¿verdad? —me recibió un chico de mi edad en la entrada del pub.

—Sí, soy yo. Y tú debes ser Mateo, ¿no? —me recoloqué el pelo llena de nervios.

Me había esforzado especialmente en mi apariencia para dar una buena impresión, me había vestido con una camisa blanca y unos vaqueros. Incluso había pensado en quitarme el piercing de la nariz para parecer más "formal", pero decidí que no, ya que ese accesorio era parte de mi personalidad.

—Exacto, veo que Pablo te ha hablado de mí. Mi padre es el dueño de este sitio y bueno, te voy a enseñar dónde están las cosas y eso, ven —me indicó que le siguiera.

Su abundante pelo castaño iba peinado hacia delante y tenía unos ojos intensos del mismo color. Llamaban la atención su nariz recta y labios gruesos. Era alto y musculado.

—A ver... Ya tenemos un camarero, pero Pablo me contó tu situación... Así que tu trabajo consistirá en ayudarle en lo que te pida, él te explicará cómo hacer todo. No te preocupes en exceso, no suele haber mucha gente y más hoy que es lunes, lo harás bien —informó sentándose en un taburete—. Jaime, ¿estás por ahí abajo? —se asomó bajo la barra buscando al hombre.

Pronto un señor de piel oscura (de unos cincuenta años, aunque en buena forma) dejó de estar agachado y se levantó con unas sartenes en la mano las cuales puso a lavar.

—Hola —gruñó Jaime y comenzó a frotar con un estropajo.

—Esta va a ser tu ayudante, se llama Cristina —me presentó Mateo.

—Ah —pronunció él sin apenas mirarme y enjuagó los utensilios.

—Es un hombre callado, pero tranqui. Le vendrás bien para quitarse algo de trabajo de encima —me susurró el chico con una sonrisa.

—Vale, gracias —le agradecí cuando me colocó una tarjetita con mi nombre en la camisa.

—Ah, una última cosa, cómo es San Valentín voy a estar con mi novia por aquí, ¿vale? Pero tú haz como si no estuviéramos —me pidió metiéndose un chicle en la boca.

—Que lo paséis bien —me reí y vi cómo se sentaba a leer en una esquina.

Me giré y observé a Jaime limpiando unos vasos.

—¿Qué puedo hacer? —carraspeé y le pregunté.

—Callarte —gruñó de nuevo.

Era fan de ese hombre.

CAPÍTULO 20: JAIME.

—¿Te puedo ayudar a limpiar algo? —insistí.

Jaime resopló y me dio unos cuantos productos de limpieza. Señaló los baños y me dio una sonrisa algo forzada.

—Creo que me sigues —volvió a darse la vuelta hacia el fregadero.

Primer trabajo: limpiar un váter, qué guay. Me recogí el pelo y me agaché para hacer lo propio. Aún no había llegado ningún cliente, tenían razón en eso de que sería un día tranquilo. Estaba vaciando las papeleras cuando a través de la puerta abierta del baño vi cómo una chica con una oscura melena larga y brillante corría a lanzarse a los brazos de Mateo y plantarle un ansiado beso agarrando fuerte ambos lados de su cara. Era la misma adolescente que había visto sentada en la mesa de Pablo y también la dueña de la casa en la que se celebraba la fiesta.

—Feliz San Valentín, Carla —le devolvió el beso Mateo.

Se escucharon muchos más besos y unas cuantas cursilerías, así que pasé de ellos y le eché *spray* al espejo. Estaba frotando con fuerza una mancha que no se iba del vidrio cuando no pude evitar escuchar su conversación y me asomé para verlos jugando al billar.

—Dios, ¿la gente no sabe la preciosidad que tengo yo de novio? —chilló la chica tras una tacada mirando embobada a su enamorado.

—A mí también me da rabia que no lo sepan, te amo —contestó él metiendo una bola pero sin quitar su vista de ella.

Volví a ignorarlos para rellenar los dispensadores de jabón, pero no tardé en darme cuenta de que después de oír cómo se metían todas las bolas de golpe, ya no se escuchaba a la empalagosa parejita y me alarmé. Salí del baño y deseé borrar de mi mente la impactante imagen con la que me encontré.

Visualicé a la chica tumbada sobre la mesa de billar y a su novio subiéndose lentamente encima de ella. Sus varoniles manos acariciaban con suavidad los muslos de ella haciendo que arquease la espalda para quedar más pegados y profundizar más el beso. No sabía cómo eran capaces de no quedarse sin aire. Parecía una escena sacada de una película porno.

Miré colorada y en silencio a Jaime, él me devolvió la mirada mientras recolocaba unas cosas. Fui a su lado y me puse a ayudarle a fregar platos sin decir nada.

—Es lo normal —murmuró el camarero con el semblante más calmado que había visto en mi vida.

Y solo por eso, no pude evitar reírme y el señor y yo nos empezamos a llevar bien.

Pronto (y gracias a Dios porque estaba algo incómoda) sonó la campanilla de la puerta cortando el rollo a los enamorados y abriendo paso a unos adultos que querían echarse unas cervezas.

Transcurridas unas horas Mateo me anunció que lo había hecho muy bien y que el puesto iba a ser mío. Me sentí muy emocionada, para mí era un gran logro.

Conforme pasaban las semanas me iba sintiendo mejor y mi vida era muy tranquila: iba a trabajar, quedaba con Sergio, de vez en cuando hablaba con Pablo, Lucía y yo nos empezábamos a llevar mejor...

Un viernes saliendo tarde del pub, estaba cansada y con mucho sueño, así que ver que fuera me esperaba una intensa lluvia no me hizo demasiada gracia. Se escuchaban caer las gotas con fuerza, salpicando en el asfalto mojado de la carretera. Me quedé de pie subida justo en el escalón de la puerta en un intento de resguardarme un poco y esperar a que se calmara la lluvia para poder ir a casa andando. No quería molestar a mis padres o a mi amigo a esas horas.

Vi aparecer una figura con un paraguas negro aproximándose. Sin embargo, no le di importancia ya que pensaba que era una persona cualquiera que pasaba por aquella calle. Pero me di cuenta de que no era así cuando llegó hasta donde yo estaba y se paró frente a mí.

Estaba oscuro y como el paraguas le cubría el rostro, era difícil saber quién era. Pero extrañamente, esos andares se me hacían familiares. La persona levantó un poco el paraguas antes de tenderme el mango evitando que siguiera mojándome. Me sorprendió encontrarme bajo aquella tela impermeable unos ojos verdes que no había podido sacar de mi mente.

Fruncí el ceño sin todavía haber aceptado el paraguas.

—¿Qué haces aquí, Martín? —dudé sin saber cómo reaccionar a su presencia.

En ese momento sentí una bala atravesar el hueco en mi pecho en el creía que alguna vez había estado mi corazón y que mis ojos hacían un gran esfuerzo para no derramar las lágrimas que estaban inundando mis ojos.

—No quiero que te resfríes y te dé una neumonía —respondió él con una expresión tranquila.

Me acercó a él haciéndome hueco bajo el paraguas y no muy convencida empecé a caminar junto a él, me estaba acompañando a mi casa. Ambos estábamos en silencio, solo se oía el sonido del agua cayendo.

—¿Qué haces aquí? —repetí y me fijé en su pelo mojado del que algunas gotas se deslizaban.

—Tenía ganas de verte —se relamió el labio y aprecié una profunda tristeza en su rostro.

El dolor de su ausencia nunca se había ido, solo me acostumbré a vivir con él. Parecía que para él tampoco estaba siendo fácil esto.

—¿Y por qué no lo has hecho antes? —interrogué.

—Porque me dijiste que te dejase en paz —aclaró tras un suspiro.

—Es verdad —recordé arrepentida y pensé que quizás había exagerado un poco las cosas dejándome llevar por mi frustración.

El problema fue que ese tiempo en su casa había hecho que me acostumbrara a él y eso había sido como cavar mi propia tumba. Nunca nadie debe hacerlo, porque nada te asegura que los que te rodean hoy lo sigan haciendo en un futuro. Al fin y al cabo, solo te tienes a ti.

—Estas dos semanas necesitaba saber que estabas bien, que seguías tu vida sin mí. Tu padre me ha ido contando que se te veía mejor y me dijo que podía encontrarte en ese pub —informó.

—¿Mi padre? —se me escapó una carcajada por la sorpresa.

—Sí, no ha cambiado nada, ¿eh? Siempre ha sido muy majo —comunicó él, deteniéndonos frente al paso de peatones.

—¿Tú te estás quedando en casa de tus padres? —le pregunté pulsando el botón, esperando a que el semáforo cambiase de color.

—A ver, por ahora sí... Pero mi plan es mudarme aquí —anunció cuando se puso en verde.

CAPÍTULO 21: LA LLUVIA.

—¿Y eso? —me interesé.

—Porque todo lo que me importa está aquí —declaró.

—Pues espero que te vaya bien —le deseé sin más.

—Cristina —suspiró llamando mi atención—, me dolió como no te haces una idea que te atrevieses a decir que no te quise... —reveló—. Porque aunque soy consciente de que no llegué a hacerlo de la mejor manera, tengo claro que ha sido verdadero, que te quiero a mi lado por cómo me siento, porque puedo ser muy yo contigo... —sus ojos verdes estaban fijos en la oscuridad y en la lluvia—. Pero bueno, no sé ni por qué te estoy diciendo esto, esas son rayadas mías —meneó la cabeza dejando el tema.

—No, sigue hablando —me detuve en seco y él hizo lo mismo.

—Lo único que quería era **lo mejor para ti**. Y yo no lo soy —dijo viéndome fijamente.

Se hizo el silencio y coincidió con que la lluvia decidiera apretar. Me empecé a perder en mis pensamientos.

Cuando una persona es importante en tu vida, aunque se vaya siempre queda algo de ella en ti. Se pegan sus tonterías, sus expresiones, sus frases... Tanto de esa persona se queda en ti que ya es imposible que se vaya, porque ha acabado formando parte de ti. Y simplemente no puedes tratar de borrar eso al igual que las fotos y los mensajes.

—Martín, todas las veces que te aparté era porque sabía que me ibas a acabar haciendo daño otra vez, que ya tuviste tu oportunidad y no lo hiciste bien... —empecé contando—. Pero te vi realmente arrepentido, que no querías volver a hacerme daño, con la intención de esta vez hacer las cosas bien, de demostrarme que sí que me querías... El hecho de que quisieras mejorar por mí me podía —reconocí—. Noté cómo de verdad habías cambiado y te esforzabas, incluso cómo te abrías y expresabas. Me encantaba que hacías todo lo posible por animarme si me veías más apagada... No tengo ninguna queja porque fuiste muy adorable y me trataste genial, con mucho interés y cuidado. Y cuando llamaste a mis padres... —recordé con dolor— era lo que debíamos hacer, pero yo no era capaz de aceptar que tenía que volver a casa y que no podía seguir quedándome contigo. Te salté fatal y aunque estuviese enfadada no podía decirte que no quería estar contigo o que no te quisiera, porque es que no era verdad —me disculpé.

—Lo sé, ya me imaginé que hiciste eso por algo así. Sé que eres complicada y que siempre tuviste miles de cosas cruzando tu mente al mismo tiempo. Pero por eso mismo me gustas tanto, porque sé que vales la maldita pena —posó una mano en mi cuello—. Entendía más que nadie que tuvieras malas rachas y no me importaba acompañarte en ellas, porque yo me enamoré de tus luces pero también de tus sombras. Conocí lo mejor y lo peor de ti y ambas me parecieron bellas a su manera —expresó revolviendo lo que sea que hubiese en el interior de mi pecho.

—Pues la versión más inocente y feliz de mí solo la tuviste tú. Y me da rabia, porque por más que he intentado odiarte no he podido. ¿Te acuerdas que hace años te prometí que no había nada que pudieras hacer que hiciera que dejara de quererte? —referí—. Pues por suerte o por desgracia tuve razón —soné decepcionada conmigo misma.

Martín sonrió y vi una lágrima deslizándose por su mejilla. Se quedó viéndome apenado y cerrando los ojos quitó la mano que había apoyado en mí.

—¿Tú crees que aún estamos a tiempo de arreglarlo? ¿Después de todo? —se agachó para estar un poco más a mi altura, parecía nervioso.

—Pienso que somos adolescentes que creen saber de todo y en realidad no tenemos ni puta idea de la vida y menos del amor

—reflexioné—. Una vez alguien me dijo que debemos vivir más y preocuparnos menos por llevarnos la ostia. Y no sé si tendrá razón, pero si no hacemos lo que sentimos, pues vaya mierda, ¿no? —le dediqué una pequeña sonrisa.

Entonces, vi esos jodidos ojos verdes (que creo que ya es obvio que me volvían loca) brillando llenos de ilusión y casi sin darme cuenta mutuamente y de manera lenta nuestros rostros se acercaron para besarnos. Nuestros labios se posaron sobre los del otro con cariño y se alargó algo más de lo usual. Nos separamos y lo miré con las mejillas sonrojadas. Joder, llevaba tiempo sin sentir tantas mariposas y mis rodillas flojear.

—Me echabas de menos, ¿eh? —murmuró pícaro sabiendo que me había gustado.

Gracias a la lluvia el pelo se le pegaba un poco a la cara, sus pestañas y cejas estaban mojadas y todo eso le hacía ver mil veces más atractivo de lo normal...

—¿Tanto se nota? —enterré mis dedos en el pelo de su nuca—. Pero no te lo creas tanto, flipado —estampé su boca otra vez con la mía.

Martín asombrado dejó caer el paraguas al suelo produciendo que nos empapáramos pero a ninguno de los dos pareció importarnos.

Él sonrió y me cogió por el mismo sitio de forma brusca para profundizar aún más el beso, abrimos un poco más para dar lugar a que nuestras lenguas jugaran con excitación, como habíamos estado ansiando tanto tiempo. Quitó su mano y sus fuertes brazos me envolvieron con delicadeza, como si tuviese miedo a romperme. Yo en respuesta me pegué más a Martín, me gustó la sensación de notar su pecho húmedo al igual que el mío.

De repente, la bocina de un claxon nos interrumpió. Me peiné un poco y miré al coche avergonzada.

—¡La Virgen, nenes! ¡Que se os van a calar los huesos! —había sido Sergio.

—¡Tu puta madre, gilipollas! —le insulté aguantando mi corazón en un puño.

Martín se rió con esa risa que me encantaba tanto y me acarició la cintura.

—¡Hola, prima! ¡Vaya mozo te has buscado, eh! —vi a Lucía asomarse desde el asiento del copiloto.

—¿Qué cojones? —dije en un murmullo casi inaudible—. ¡Tú también por lo que veo! —le grité no pudiendo contener la risa.

—¡Si queréis os dejo la parte de atrás del coche para que os metáis mano! —se burló el rubio.

—¿En serio? —pronunció Martín y le pegué un codazo.

Me agaché a coger el paraguas y agarré del brazo a Martín para meternos en el coche. Para volver a casa, que conste.

Pero... no habréis pensado que la historia acaba aquí, ¿verdad?

CAPÍTULO 22: EL CUCHILLO.

Ese fin de semana me lo pasé en grande, Martín y yo improvisamos pequeños viajes en moto como en los antiguos tiempos. Me llevó a aquel merendero en el que me quedé coja (aunque de día para evitar de nuevo accidentes). Nos sentamos encima de la mesa de madera y yo me acurruqué en su regazo, así nos quedamos un buen rato.

—Cristina, a veces pienso que tenemos claro lo que tenemos, pero no lo que somos... —susurró apartando mi largo pelo para acariciarme tras la oreja.

—Pues la verdad es que no había pensado en eso —dije por lo bajini con los ojos cerrados, me sentía muy a gusto y en paz.

—Pero si quieres llamarte mi pareja, encantado —me cortó y le miré impactada—. Solo que para mí eres más que ese simple nombre —relató derritiendo mi corazón.

—Tú para mí también —le di la razón haciendo un puchero.

—Es que si por ejemplo me preguntaran "¿Tienes novia?", yo sin dudarlo diría que sí —siguió hablando y su pelo se revolvía con el aire.

—Te quiero —lloré antes de lanzarme a darle un beso, dándole a entender que estaba de acuerdo.

—Y yo. Joder, después de tanto tiempo, qué suerte tengo de tenerte —sonrió abrazándome emocionado.

Entonces aprovechó para agarrarme y llevarme hasta su moto. La arrancó y giró el puño del acelerador haciendo que sonase el rugido del motor. Me abracé a su espalda y con una sonrisa tonta caí en que aquel sueño que tuve en su piso se había hecho realidad.

Todo en mi vida parecía haber mejorado.

Una semana más tarde habíamos acordado salir los cuatro en grupo (Martín, Sergio, Lucía y yo), pero yo tenía que trabajar en el pub, así que decidieron ir allí a hacerme compañía hasta que terminara. Se sentaron junto a donde estaban las dianas, relativamente cerca de dónde estaba yo.

Jaime me avisó en el último minuto que tenía que irse para ir a recoger a su hija a no sé dónde, así que yo tendría que cubrirle.

No me preocupó en absoluto porque mi trabajo nunca había sido difícil.

—Entonces llegó la guarra esa, hija de puta y se compró el mismo vestido —mi prima se quejó de alguien.

Apuntó a la diana y tiró con rabia uno de los dardos, quedando clavado casi en el centro.

—¡No me jodas! —se asombró Sergio desde su asiento, sorbiendo su refresco con la pajita.

—Sí, ¿te lo puedes creer? ¡Encima era fea! —volvió a sentarse y se sacudió el pelo, resentida.

—Hay gente para todo —el rubio le dio dos palmaditas.

Seguía sin entender cómo coño esos dos se habían acabado haciendo "amigos", era tan absurdo que hasta me hacía gracia. Compartían el mismo gusto por los chismes y criticar a medio instituto, parecían entenderse entre ellos.

Mi novio giró la cabeza buscándome en la barra y me miró con una cara muy divertida, parecía estar pidiendo ayuda. Yo estaba poniendo unas cuantas bebidas sobre una bandeja y me reí.

—Bueno, yo voy al baño —se levantó Martín de la mesa, aburrido de la conversación en la que no podía intervenir.

—Vale, vale —respondieron Sergio y Lucía, casi ignorándolo, centrados en su charla.

Sonó el tintineo de la puerta y entró un hombre con gorra que no había visto nunca antes, me resultó extraño ya que al pub solía ir casi siempre la misma gente. Cerró lentamente la puerta aún de espaldas y sin decir nada se sentó en la barra.

—Hola, bienvenido al Cherry, ¿quiere tomar algo? —lo recibí como a un cliente más, terminando de limpiar unas copas.

—No, solo quiero que te estés bien calladita, zorra —amenazó y me giré a ver el rostro de un adulto lleno de cicatrices y un aspecto aterrador.

—¿Qué? —bajé el tono de voz sin saber cómo actuar.

—Saca todo el dinero de la caja despacito si no quieres que haga daño a todos los que hay aquí —me mostró un cuchillo enorme y muy afilado escondido en su bolsillo—. Y ni se te ocurra hacer otra cosa que no sea lo que te estoy pidiendo —me apretó fuerte la muñeca en señal de amenaza.

Mi corazón empezó a latir descontroladamente, estaba muy asustada y no podía detener el fuerte temblor en mis manos. Sentía un sudor frío espeluznante y no me di cuenta de que me había quedado inmovilizada mirando al atracador.

—Venga —forzó los dientes.

Sin que él se diese cuenta pulsé un pequeño botón de alarma que estaba oculto bajo la barra. Rezaba para que no estuviese estropeado y no tardara en venir la policía. Me acerqué a la caja registradora y la abrí sacando todos los billetes.

—¿No te da vergüenza atracar a una niña? —apareció Martín pegándole un fuerte golpe en la mandíbula tirándolo con el taburete al suelo.

¡¿Pero a este chico se le había ido la cabeza?! ¡¿En qué momento se le ocurría enfrentar a un ladrón?!

Todos los clientes se giraron y se percataron de lo que estaba ocurriendo en cuanto vieron los billetes sobre la mesa. Todos parecieron ponerse de acuerdo en permanecer inmóviles.

El hombre se levantó del suelo y enfurecido se giró hacia Martín conteniendo las ganas de devolverle el puñetazo.

—Mira, Superman, me parece que el que está equivocado eres tú —me agarró con fuerza, sacando el arma—. ¡No des ni un paso más o te juro que le rajo el cuello ahora mismo! —gritó imponente sonando en todo el local y se escucharon miles de gritos de terror.

Martín perdió todo el color en su cara. Se quedó quieto, hiperventilando, sin saber qué hacer... pero no le quedó otra que no fuera hacerle caso.

Intenté forcejear con él y liberarme, pero el atracador tenía más fuerza que yo y además me intimidó acercando aún más el cuchillo a mi cuello, así que dejé de moverme y solo podía llorar. Odiaba sentir como su cuerpo se me pegaba al mío y el tacto áspero de sus manos. Su aliento me hizo saber que había consumido algún tipo de droga.

Entre lágrimas miré a Martín y luego a Sergio y a mi prima, odiaba pensar que mi último recuerdo de ellos iba a ser ver sus caras preocupadas, no dudaba que ese iba a ser mi final.

CAPÍTULO 23: LA BALA.

Cuando estuve a punto de morir fue cuando pedí con todas mis fuerzas que mi vida no acabase ahí, que aunque siempre me quejé de ella, había muchas cosas que aún quería vivir. Estaba temblando y no podía parar de llorar cuando un par de policías irrumpieron en el local alarmando al hombre que me sujetaba.

—¡Suéltela y deje el arma en el suelo lentamente! —ordenó uno de ellos con autoridad, apuntándole con la pistola en señal de advertencia.

—¡Comedme la polla! —desafió el señor haciendo más fuerza con su brazo.

A continuación, se escuchó un estallido que hizo pitar mis oídos y cerrar los ojos con fuerza. Se oyeron miles y miles de chillidos de clientes. Abrí los ojos y... el atracador había esquivado el disparo del policía rápidamente.

—¡Joder! ¡Vale! ¡Vale! —el hombre me soltó asustado y se tiró al suelo rindiéndose.

Todo pasó muy rápido, aún no me había dado tiempo a asimilarlo cuando los policías lo detuvieron. Por fin pude respirar tranquilamente... pero esa calma apenas duró dos segundos.

—Traed una ambulancia rápido, hay un herido —escuché decir a uno de los policías.

Me di la vuelta y me di cuenta de que la bala había alcanzado a un cliente que había detrás por error. Lucía estaba con las piernas subidas sobre el asiento, petrificada. Fijé mi vista en el suelo y...

—No, no, no... —repetía una y otra vez corriendo hacia él—. Sergio, te vas a poner bien te lo prometo —le aseguré a mi amigo agarrándole por los hombros.

Él me observaba sin fuerzas para hablar y vi cómo le pesaban los párpados. Sus bonitos ojos marrones que normalmente expresaban picardía, ahora estaban llenos de un dolor intenso. Miré más abajo y se le estaba inundando la sudadera en la parte del estómago tiñéndose de un color rojizo. Empecé a hiperventilar.

Se oyó el ensordecedor sonido de la sirena al llegar la ambulancia con prisa, las luces parpadeantes reflejaban en la cara de Sergio.

—Es mejor que no lo toques —sugirió el policía que había disparado y tuve que contenerme para no pegarle una paliza.

Aunque no hubiese sido su culpa me sentía demasiado frustrada. El personal sanitario entró con una camilla. Martín se acercó preocupado y me separó de mi mejor amigo, aunque hice fuerza antes porque no quería soltarle. Estaban colocando a Sergio con cuidado en la camilla cuando miró a mi novio para decirle algo.

—Martín... —le llamó—. Cuídala bien, se lo merece —le pidió entre muecas de dolor.

Lo levantaron y se lo llevaron. Divisé esos rizos rubios metiéndose en la ambulancia con la esperanza de que recibiese atención médica de emergencia. Rezaba para que esa no fuese la última vez que los viera.

—Se va a morir, ¿verdad? —me abracé al pecho de Martín estallando en sollozos.

Nunca había sentido tanto miedo. No quería perderlo.

—No lo sé... —su voz también temblaba, él tampoco asimilaba lo que acababa de ocurrir.

Mi prima se puso en pie y se unió al abrazo desconsolada tras lo que había presenciado en primer plano.

Justo Martín y yo acabábamos de dejar a Lucía en su casa y estábamos de camino a la mía cuando nos enteramos de la fatídica noticia que me dejó destrozada.

El mejor amigo que jamás pude tener murió un viernes cuatro de marzo. Los médicos hicieron cuanto pudieron para salvarlo, pero la hemorragia terminó con él antes de que pudiera llegar al hospital.

Mi pecho se encogió y me quedé con la cara blanca. Se me partió el alma en miles de pedazos. Se apoderó de mí un dolor agonizante que parecía incrementar conforme los recuerdos de mi amigo cruzaban mi mente: su risa escandalosa, lo pesado que podía ser a veces, el olor de su perfume pijo, el aprecio que me guardaba, cómo había sido un motivo por el que hubiera decidido quedarme un poco más, cómo amaba a aquel coche caro, cómo siempre conseguía hacerme reír... Sabía que a partir de ese día, cada vez que despertara querría no haberlo hecho, porque todas las mañanas desearía que su muerte hubiese sido una pesadilla.

Sergio ya no estaba. Lo había perdido para siempre. Y lo último que vio de mí fue cómo tenía miedo, cómo había sido una puta cobarde, que me había quedado quieta y no había sido capaz de defenderme para proteger a los que había allí. Debería haber cogido una puta sartén y reventarle la cabeza a aquel atracador o... ¡lo que sea, coño! ¡Ahora sí que tenía ganas de cometer un asesinato! Pero ya era tarde para todo eso.

Mi amigo no iba a verme cumplir todo lo que me había propuesto, quería demostrarle que había podido salir de ese oscuro agujero negro, quería verlo sonreír a mi lado cuando consiguiera mis metas. Nunca pude pedirle perdón por ser lo que estaba siendo. Y ya nunca podría hacerlo.

Mi pareja y yo entramos en mi cuarto y cerré la puerta con fuerza. Me quedé con el antebrazo apoyado y oculté mi cara repleta de lágrimas y dolor. Mi novio se sentó en mi silla y se frotó los ojos, apenado. Suspiró para después mostrar fuerza frente a la situación.

—Cristina, tienes que ducharte —recomendó Martín, puesto que estaba llena de sangre.

—Ha muerto un chaval de dieciocho años que tenía toda la vida por delante —reclamé con la cara húmeda.

—Ya... —se levantó y posó su mano sobre mi hombro para consolarme.

—¡Han matado al único amigo que tenía! Joder, ¡tenía que haber sido yo! —me giré tirándome del pelo con frustración.

—No es tu culpa ni la de nadie, Cristina. Ha sido un accidente —me detuvo para que no siguiera haciéndome daño—. Y claro que no es justo, pero no podemos hacer nada —me peinó un poco.

—Era mi mejor amigo, lo necesitaba... —lloré sin querer aceptarlo todavía.

—¿Quieres estar sola? —preguntó por si era lo que necesitaba en un momento así.

—No —respondí sin dudarlo y me apreté a él con fuerza.

—Lo mejor que puedes hacer es seguir adelante como siempre has hecho y ser feliz por los dos, Cristina. Es lo que hubiese querido él, ¿no? —aconsejó con los ojos llorosos y besó mi frente.

—Tienes razón... Pero déjame estar triste hoy y quizás pronto pueda serlo —le pedí sin apartarme.

Imaginé que era Sergio y lo abracé como deseaba haber estado haciendo en vez de tener que sufrir su pérdida.

EPÍLOGO

—No consigo que pase ni un solo día en el que no recuerde algo suyo —me di la vuelta después haber rezado frente a la tumba de mi amigo.

Habían pasado casi dos años desde que se fue. Ya no lloraba con sus recuerdos pero seguía echándole muchísimo de menos.

—Es normal, ha sido muy importante para ti —contestó Martín abrazándome y me dio el casco.

—Pero a veces me siento muy sola... —bajé la mirada y vi el tonto llavero en mi bolsillo.

Sergio ya no estaba pero era como si lo llevara conmigo todo el tiempo.

—Cristina, no estás sola, ¡mírate! Me tienes a mí, a tus padres, a Lucía, a Pablo, buenas compañeras en clase, nuevos amigos... un montón de personas que quieren lo mejor para ti —me levantó la barbilla y me dio un pico.

Me había decidido a estudiar un ciclo de auxiliar de enfermería y era la mejor de la clase.

—Es verdad —le sonreí y me puse el casco saliendo del cementerio.

—Él seguro que estaría muy orgulloso de ti —aseguró subiéndose a la moto.

Me quedé viendo a mi novio y me di cuenta de que tenía razón, de que lo había conseguido. Cada día era más feliz y en gran parte había sido gracias a las personas que estaban a mi lado. Eran lo mejor que me podría haber pasado y me sentía muy afortunada por tenerlos.

—Seguro que sí —le besé con ternura y me coloqué tras su espalda.

AGRADECIMIENTOS

¿Has leído este libro hasta el final? Si te has tomado el tiempo para llegar hasta aquí quería que supieses que terminar esta historia no ha sido nada fácil, que había querido abandonarla, que había perdido las ganas de todo y también de escribir. Por eso quiero agradecerte que hayas confiado en la historia que contiene el libro que tienes entre las manos y con ello, en la escritora que hay detrás.

No habría podido sola, por eso quería darle, en primer lugar, las gracias a Cristian. Fuiste el que me dio el empujón que necesitaba para retomar una historia que quería mandar a la mierda, me diste algunas ideas, me ayudaste a cambiar lo que no me gustaba y lo más importante, me hiciste creer en mí.

¿Y qué decir de María Martos? Saber que hay gente que me apoya y a la que le gusta mi trabajo y valora el esfuerzo que he hecho me anima a seguir, y sin duda la primera persona que se me viene a la cabeza cuando lo hago eres tú. Mira que nos hemos visto dos veces contadas pero te he cogido un cariño impresionante. Me haces demasiado feliz con cada uno de tus mensajes y no sabes la sonrisa tonta que se me dibujó en la cara y lo bien que me sentí al saber que te habías animado a escribir por mí.

Y a Helena. El gran consejo que da Pablo en esta historia son palabras de esta loca con dotes de psicóloga. Gracias por todo, te quiero muchísimo.

Creo que también hay que destacar la habilidad que tengo para escribir mis mejores frases cuando estoy rota, por esa razón quiero agradecer a las personas que alguna vez habéis ocupado un hueco en mi corazón porque me habéis inspirado a escribir letras felices y también letras tristes, y ambas son preciosas a su manera.

Tus reseñas son muy importantes.

Indica aquí qué te ha parecido esta historia para que otros lectores se animen a elegirla.

¡Muchas gracias!